AIIBの発足とASEAN経済共同体

唱　　新 著

晃 洋 書 房

はしがき

アジア開発銀行（ＡＤＢ）は「Asia 2050」〔ＡＤＢ 二〇一二〕の中で、二〇五〇年にアジア地域の名目ＧＤＰ（購買力平価基準）は世界の五〇％を超え、「アジアの世紀」（The Asian Century）が到来すると予測した。「ＡＳＥＡＮ共同体」とアジアインフラ投資銀行（ＡＩＩＢ）の発足は紛れもなく、「アジアの世紀」の到来を加速させる「ダブルエンジン」となり、その歴史的な転換点になるであろう。

一九六七年八月に発足したＡＳＥＡＮは、一九七六年二月に採択された「ＡＳＥＡＮ協和宣言」（バリ宣言）の中で、ＡＳＥＡＮ共同体の設立構想を提起して以来、一九九二年一月にＡＳＥＡＮ自由貿易地域（ＡＦＴＡ）の合意、二〇一〇年にＡＳＥＡＮ先発六カ国でＡＦＴＡの発効を経て、二〇一五年一二月三一日にはＡＳＥＡＮ共同体（ＡＣ）の発足に漕ぎ着けた。ＡＣは「一つのビジョン、一つのアイデンティティ、一つの共同体」を目指して、政治・安全保障共同体（ＡＳＣ）、経済共同体（ＡＥＣ）、社会・文化共同体（ＡＳＣＣ）を三本柱としているが、今回実現したのはＡＥＣである。

二〇〇七年に採択されたＡＥＣブループリント（行動計画の行程表）では、ＡＥＣ創設に至るまでの実施計画を「単一の市場・生産基地の形成」、「競争力のある経済地域の創設」、「公平な経済発展」、「グローバル経済への統合」という四つの戦略目標を掲げていたが、最も成果がみられているのは「単一の市場・生産基地の形成」における関税撤廃である。「AECブループリント」及び「ASEAN連結性マスタープラン」の実施により、ASEAN先発六カ国間の平均関税率は二〇〇〇年の三・六四%から二〇一一年の〇・〇五%に低下し、CLMVの中で、ベトナムは二〇一三年にすでに関税撤廃の目標を実現し、ミャンマーとラオスは二〇一五年に、カンボジアは二〇一七年に関税の撤廃と〇—五%への関税削減をコミットメントしており、二〇一八年には全加盟国で関税が撤廃され、自由化率が九九%という非常に高い目標を目指している。

しかし、その他の三つの戦略目標を実現するには依然として多くの課題が残されていることからみれば、ASEAN地域統合の重要な「節目」であるACの発足は、「通過点」に過ぎず、新たな地域統合の始まりといえよう。それゆえ、ASEANはすでにさらに地域統合を進めるための次の目標に関して、議論されている。二〇一五年一一月に開催された首脳会議では、ACの発足を宣言すると同時に、二〇二五年までにACが達成すべき新たな統合目標を定めた「ASEAN共同体ビジョン二〇二五」や柱ごとの三つの新たなブループリントを採択し、「高度に統合され、一体化された経済」、「競争力があり、革新的かつ躍動的なASEAN」、「強化された連結性とセクター間の協力」、「回復力ある包括的な人民主導かつ人民中心のASEAN」、「グローバルASEAN」という新たな戦略的目標を示した〔大庭 二〇一五〕。このACはEUと比べ、確かに地域統合のレベルが低いといわざるを得ないが、新興国による地域統合のモデルケース及び「二一世紀のアジア」を支えるセクターとしては、重要な意味合いを持っている。

一方、二〇一六年一月一六日に発足したAIIBは世界経済新秩序の形成、アジアの経済発展を促進する新たな原動力になると見込まれている。その狙いはいうまでもなく、アジアにおけるインフラ整備資金の需要と供給のギャップを埋めることであるが、その深い背景は東アジアにおける金融・資本市場整備の遅れと中国金融力の強化にある。

東アジアでは、活発な貿易・投資活動と比べ、金融市場の整備と金融協力が遅れている。この東アジアでは二〇〇〇年以降、「アジア通貨・金融危機」の原因とされる「ダブルミスマッチ」を解消するために、チェンマイ・イニシアチブ（CMI）、アジア債券市場育成イニシアチブ（ABMI）、ASEAN＋3債券市場フォーラム（ABMF）などを通じて、金融市場の整備に取組んできたが、現状としては、債券の発行体及び投資家の増加、各国の経済発展段階の相違に応じた市場インフラと法制度の整備など、数多くの課題が残されており、債券市場の整備は、「ダブルミスマッチ」の解消や「アジアの貯蓄を域内の投資需要のファイナンスに有効活用する」というABMIの目標実現にはまだ程遠いといわざるを得ない。

こうした中で、中国の経済発展にともなって、世界金融市場での「チャイナマネー」は存在感を増しつつある。世界の「生産工場」、「消費市場」に続いて、世界の「金融市場」にもなった中国は、まず、自らの開発金融システムの構築により、国内の経済開発に取組んでいって、二〇一〇年以降、国内で蓄積された巨大な金融力を活かして、開発金融の国際化に乗り出した。このような巨大化しつつある資金力と金融力はむしろ、「一帯一路」開発構想、「BRICS開発銀行」及びAIIBを設立する最大の背景となっており、AIIBの設立は、アジアのインフラ整備を加速させ、域内における各国の物理的連結性を強化すると同時に、アジア金融協力と金融・資本市場の整備にも大きく寄与すると期待されている。

現在の日本では、「生産するアジア」、「消費するアジア」、「老いてゆくアジア」、「疲弊するアジア」など、多様な視点からアジアの現状を捉えているが、本書はASEAN共同体とAIIBという二つの歴史的な出来事を切り口に、ASEANを「新興アジア」として捉え、アジアにおける新興経済秩序と新興市場の将来構図を描き出そうとしているが、その狙いはアジア新興市場の解明とその将来展望である。

ASEANは設立以来、着実な工業化政策により、輸出は従来の一次産品から工業製品へ切り替わり、アジアでのプレゼンスも高まっている。現在のASEANでは確かにCLMなどの後発国や先発国農村部の所得水準が低く、「ASEANディバイド」問題を抱えている。しかし、バンコク、クアラルンプール、ジャカルタ、マニラ、ホーチミンなどの大都市圏では、経済発展に伴って、中間層、富裕層は厚みを増しており、アジア新興市場としてその存在感が高まりつつある。こうした中で、六億の人口を有するＡＳＥＡＮは「生産するＡＳＥＡＮ」から「消費するＡＳＥＡＮ」へと転換しようとしている。

その新興市場に着目して、まず、中国とＡＳＥＡＮ経済協力の進捗状況、大メコン圏開発における各国の協力関係、ＡＳＥＡＮ新興市場の実態及び大きく期待されている「東アジア観光経済圏」の実現可能性を明らかにした上で、日本はこの「新興アジア」にどう向き合うべきかという課題提起を試みた。

著者のＡＳＥＡＮ研究は期間が短く、ＡＳＥＡＮへの見解はまだ幼稚なものであるといわざるを得ないが、これまでに理論的研究、現地調査及び学会報告において、多くの暖かいご指導、ご支援を頂いた。ここで一人一人のお名前は省かせていただくが、記して、お礼を申し上げたい。

最後に本書の出版を熱心にお勧めくださり、編集の労をとっていただいた晃洋書房編集部の丸井清泰氏と出版助成金をいただいた福井県立大学経済学部に末筆ながら感謝申し上げたい。

二〇一六年新春

著　者

目次

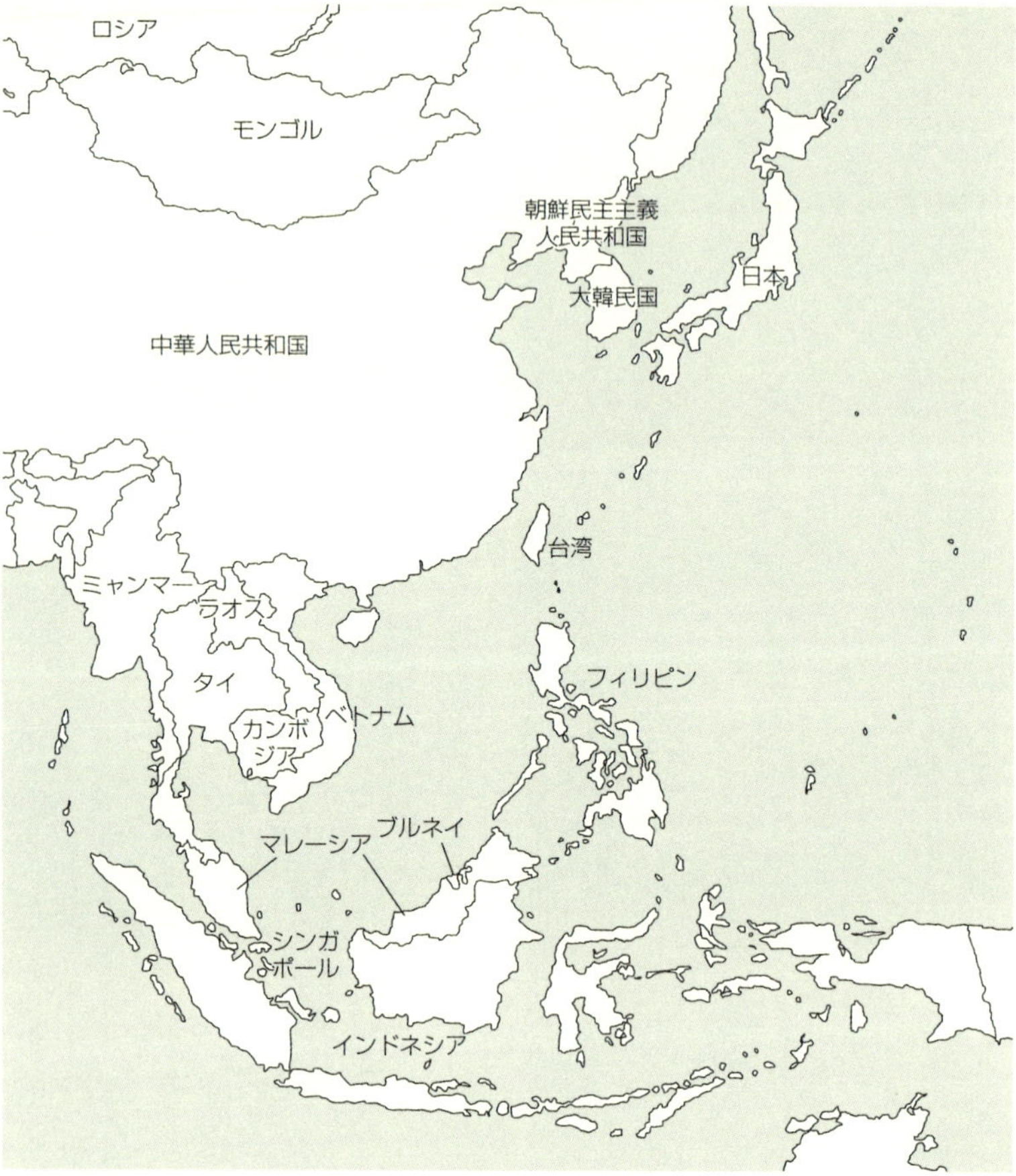
ロシア
モンゴル
朝鮮民主主義
人民共和国
大韓民国
日本
中華人民共和国
台湾
ミャンマー
ラオス
タイ
カンボ
ジア
ベトナム
フィリピン
ブルネイ
マレーシア
シンガ
ポール
インドネシア

第1章 ASEAN経済共同体と新興国際秩序の胎動

1 はじめに

ASEANは加盟国間の善隣友好関係を第一義的に目指そうとしている組織であり、その基礎の上に立って合意できたことから順次協力を進めていく新興国同士の多面的な地域協力機関でもある。一九六七年の設立以来、多様な紆余曲折をたどりながら、ASEAN域内の政治と経済の協力を推進してきており、二〇一五年一二月三一日にASEAN共同体（AC）として発足に漕ぎ着けた。それにより、東アジアは新たな新興地域秩序の胎動という歴史的転換点に差し掛かっている。

戦後の世界では多数の国際機関により、多様な経済活動を行っている。ASEANの形成と発展はいうまでもなく、このような世界的な潮流に沿ったものである。経済の視点からみれば、ASEAN

は二〇一〇年にASEAN自由貿易地域（AFTA）を発効させ、今回のASEAN経済共同体（AEC）の発足により、単一の市場・生産基地に向けて、着実な一歩を踏み出した。このことはいうまでもなく、域内の経済成長、相互依存関係の深化を促進する原動力となり、ASEAN各国を束ねる「求心力」ともなっている。

しかし、地政学の視点からみれば、中日米など大国関係の悪化、南シナ海をめぐる中国とフィリピンの領土紛争は国際関係の緊密化を阻害する「遠心力」となっている。ASEANはこれらの国際紛争を解決できるか否かはその存続を問われる「試金石」となり、将来への不確実要因が存在していることも否めない。それゆえ、このASEANの将来に関しては、このような期待と懸念という要素が複雑に絡み合っているものの、ASEAN各国はこれを乗り越えていた。

確かにASEAN発足当時及びその後の東南アジア情勢についてみれば、マレーシア・フィリピン間のサバ問題、タイ・マレーシア間のベトン事件、マレーシア・シンガポール・インドネシア間のマラッカ＝シンガポール海峡問題、インドシナ問題、タイ・カンボジア間のプレアヴィヒア寺院（タイ語名：プラヴィハーン）周辺の国境線問題にみられるように、東南アジアには領土問題をめぐる紛争が多発し、国際緊張関係が厳しかった。しかし、ASEANはまさにこれらの紛争が解決される過程で醸成された協調機運を媒介として形成されたものであり、むしろ国際紛争の中で生まれ、それらの紛争を解決する過程で成長された、という性格を持っているであろう。

ＡＳＥＡＮの将来を展望するために、その形成の歴史、組織の理念、国際環境などを理解しなければならない。それゆえ、本章はこのような経済学と地政学という二つの視点から立体的にＡＳＥＡＮを捉え、経済協力と政治の緊張関係の緩和という二つの面から、ＡＳＥＡＮ形成の歴史及びＡＣの枠組みと機能を考察した上で、その将来を展望したい。

1　ASEAN発足の背景と歴史

戦後の東南アジアには長らく植民地支配の「負の遺産」として、国際関係には緊張構造が存在していた。これに関しては、まさに黒柳に指摘されていたように、「東南アジアの歴史は、まさしく対立と分裂の歴史であった。植民地政府によって人為的に策定された国境線は、数世紀に及ぶこの地域の人種的・文化的現実と乖離しており、しかも、しばしば不明確であった。かくして一国内の不安定要因が容易に国家間の緊張をもたらし、域外大国間の利害関心が絡むことによって、より大規模な地域的紛争へと増幅される」という構造的な緊張関係が存在していた〔黒柳 一九七七〕。このような厳しい国際環境の中で発足まもなく頓挫したのはＡＳＡ（東南アジア連合）とマフィリンドであった。

（一）「マレーシア紛争」とASA・マフィリンドの挫折（一九六一―一九六七年）

ASEANの発足は通常、一九六七年八月の「バンコク宣言」だとされている。しかし、ASEANの歴史はその前身であるASA（東南アジア連合：Association of Southeast Asia）の設立にさかのぼることができる。ASAはマレーシアのラーマン首相（当時）、フィリピンのガルシア大統領（当時）やタイのタナット外相（当時）によって提唱されていた地域協力構想に基づいて、一九六一年七月三一日の「バンコク宣言」により設立した小規模な国際機関であった。

ASA設立の背景には一九五九年一月においてEEC（欧州経済共同体：European Economic Community）の発足、インドシナ情勢の悪化、シンガポール左傾化、アジアにおける共産主義勢力の拡大などがあるため、その目的には、共産主義勢力の拡大を防御しようとする政治的意図もあったが、米中ソが激しく対立する当時の東南アジア国際環境の下で、表面的には経済・社会文化・技術協力など、非政治的分野の協力を強調した。このことは平和・自由・中立を機軸とするASEANのそもそもの出発点であったといえよう。

ASAは一九六一年の創立会議に続いて、六二年、六三年に外相会議が開かれ、また、経済、社会文化、技術協力の三委員会が設けられ、国際協力機関として、ある程度の進展がみられた。

また、ASEANのもう一つの前身として、一九六三年八月にマレーシア、フィリピン、インドネシアのマレー系三カ国は「マニラ宣言」により、マフィリンド[1]を設立した。このマフィリンドは最初から、国際協議体構想に基づいて、反植民地主義、反帝国主義、中立主義的な性格及び地域の安全と平和を維持すべきことを主張し、三カ国の経済・文化面での緩やかな国際協議体制を創設しようとするものであった。

しかし、その後のサバ問題[2]をめぐる「マレーシア紛争」の激化にともなって、マレーシアとフィリピン、インドネシアとの対立が地域紛争へと拡大し、ＡＳＡもマフィリンドも発足早々から、機能麻痺状態に陥り、事実上の活動を停止することになったが、その活動は一九六七年に発足したＡＳＥＡＮに引き継がれ、組織そのものも発展的に解消した。

ＡＳＡとマフィリンドは国際機関としては発足まもなく頓挫したにもかかわらず、これらの機関により提起された協調及び非政治分野での協力などの理念は平和・自由・中立を基軸とするＡＳＥＡＮの機能主義秩序観のそもそもの出発点となっており、その後の「対立制御機能」の強化にもつながっている。

(二) 初期ＡＳＥＡＮの不安定性（一九六七—一九七一年）

ＡＳＥＡＮは「マレーシア紛争」の収束過程の延長線上で、一九六七年の「バンコク宣言」により発足した。その当時の「バンコク宣言」では、ＡＳＥＡＮ設立の目的と原則に関しては、いかなる外部干渉から東南アジアの安全を守ること、地域の平和と安全を促進すること、経済、社会、文化、技術、科学、行政の諸分野で積極的な協力と相互援助を促進することなどの抽象的な表現にとどまっていただけであった。また、インドネシアの参加によって、反植民地主義、中道主義、非同盟の性格を鮮明に強調した。

しかし、当時、マレーシア、インドネシア、タイ、フィリピン、シンガポールなど、五カ国の参加目的はそれぞれ異なっていたし、ASEANの性格と機能に関しては、「ASEANは経済協力のみを促進する組織にとどまるべき」だというシンガポール側の主張と「ASEANのいずれの国も単独で安全保障を図ることは不可能で、いずれの国も何らかの安全保障上の取決めを考えざるを得ない」というタイ側の主張は対立していた。さらにこの地域に蔓延していた地政的、社会文化的緊張要因は依然として残っていたため、初期のASEANは非定形かつ流動的な国際機関に過ぎなかった。

こうした中で、閣僚会議の定期的開催、各種の常設委員会の設立、加盟国の拠出によるASEAN共同基金（五〇〇万ドル）の設置など、ある程度の進展がみられたが、地域協力機構としての組織化・制度化には程遠いであった。

さらにASEAN設立当初、マレーシアとフィリピンは、サバ問題で国交断絶に陥った深刻な国家間領土問題が起きたため、一九六九年一二月にマレーシア・フィリピンの国交正常化するまで、ASEAN各機関の活動は全面的に停止し、具体的な経済協力計画もなかった。それゆえ、この時期のASEANは「大国の引き上げによって生ずる真空地帯をいかに埋めるかという共通の危機感」［松本一九七七」の下で、ただ、域内の平和と安定を維持するための「呼掛け」機能しか果たさなかった。

(三)「平和・自由・中立」を基軸とした地域秩序の形成(一九七一―一九九六年)

一九七一年一一月に行われたASEAN第一回特別外相会議は、ASEANに重大な転機をもたらした。この外相会議で採択された「グアラルンプル宣言」では初めて、「東南アジア中立地帯構想」を提示され、明確に「平和・自由・中立」というASEANの基軸となっている基本理念を宣言した。

この構想を提起した主な背景は一九七〇年代初頭の米中接近により、東南アジア諸国に重大な影響を及ぼしたからである。これをきっかけに非政治的分野での連帯を目的とするASEANは政治的地域協力機構へと脱皮し、国際的にも注目されるようになったが、当時の米中ソなど域外大国はいずれも歓迎と支持の立場を表明し、「中立地帯構想」を肯定的に評価した(3)。

「東南アジア中立地帯構想」の内容は当初、漠然で中立の定義、対象地域の範囲、大国との関係など、不明確な点が多く残されたが、それ以降、「中立地帯委員会」を中心にそれを実現するための手段と方法の討議を精力的に進められ、一九七六年二月に開催されたASEAN第一回首脳会議で採択されたASEAN協力のあり方をうたった「ASEAN協和宣言」(バリ宣言)及び善隣友好と紛争の平和的解決を約束した「東南アジア友好協力条約」(TAC)により実質的な進展を成し遂げた。

「ASEAN協和宣言」ではASEAN協力の目標と原則を定めたと同時に、初めてその目標と原則に基づくＡＳＥＡＮ共同体の創設構想を提起した。(4) この中で依然として、連携による国家の強靭性を強化するという内容を盛り込んだ一方、地域の平和と安定を基本理念とし、平和・自由・中立を機軸とするＡＳＥＡＮ共同体の性質を一層鮮明にしたのである。この中立地帯構想を機軸とするＡＳＥＡＮ共同体構想は理想主義としての共同体秩序の構築に向けて第一歩を踏み出したと理解することができ、むしろ、この理想主義的共同体思想はＡＳＥＡＮが東アジア地域経済統合においてより中核的な役割を発揮するための「ＡＳＥＡＮパワー」の源泉となっている。それ以降、ＡＳＥＡＮは域内の安全保障問題の検討及び経済協力を推進するための各種委員会の着実な活動により、地域協力機構としての組織と機能が強化されるようになった。

ＡＳＥＡＮの経済協力は政治協力より遅れていたが、国連は一九七二年にＡＳＥＡＮの要請で地域経済協力に関する報告書を提出した。その内容は①特定商品を選択し、その域内関税を引き下げる「選択的貿易自由化」の実施、②それぞれの国は同種の商品を生産するのではなく、各国が特定の商品の生産に特化し、規模の経済性を実現するための「補完協定システム」の構築、③ＡＳＥＡＮにいまだに存在しない新しい産業を創出するためのパッケージ・ディール協定の締結などの三つであった。

この国連報告書はＡＳＥＡＮ域内経済協力のきっかけとなって、その後、ＡＳＥＡＮは各国の工業化政策に対応するために、国連の報告書を受けて、一九七七年には「ＡＳＥＡＮ特恵貿易取決め」（ASEAN Preferential Trading Arrangement：ASEAN-PTA）を、一九七八年に「ＡＳＥＡＮ産業補完協定」（ASEAN Industrial Complementation：AIC）を、一九八八年に「ブランド別自動車部品補完流通計画」（Brand to Brand Complementation：BBC）を、一九九六年に「ＡＳＥＡＮ産業協力構想」（ASEAN Industrial Cooperation：AICO）などを締結したが、そのいずれも所期の効果を挙げれずに、中途半端に終わったが［黒柳編 二〇〇五：六五］、域内経済協力の試みとして、産業連携の基盤づくりの役割を果たした。その後、一九八四年にブルネイ、一九九五年にベトナム、一九九七年にミャンマーとラオス、一九九九年にカンボジアの加盟により、ＡＳＥＡＮ一〇までに拡大し、最終的に「東南アジアのＡＳＥＡＮ化」を完成した。

（四）ＡＳＥＡＮ憲章とＡＳＥＡＮ経済共同体（二〇〇〇年以降）

ＡＳＥＡＮは一九九七年に「一九九七年の破局」といわれる「アジア通貨・金融危機」で、甚大な打撃を受けたにもかかわらず、二〇〇〇年以降、経済の回復により大きく前進した。こうした中で、二〇〇三年の首脳会議で採択された「第二ＡＳＥＡＮ協和宣言」で、安全保障・経済・社会文化の三本柱からなる「ＡＳＥＡＮ経済共同体」（ＡＥＣ）の創設を明確に提起し、それに続いて二〇〇七年のシンガポール首脳会議では「ＡＳＥＡＮ憲章」を採択した。

この「ＡＳＥＡＮ憲章」はＡＳＥＡＮ最高意思決定機関としての首脳会議の明確化、ＡＳＥＡＮ外相閣僚会議（ＡＭＭ）とＡＳＥＡＮ経済閣僚会議（ＡＥＭ）の抜本的再編、議長国制度の導入などを明確に規定しており、制度化、機構化、法人化を通して、ＡＳＥＡＮを単なるシンボルから一つのシステムへと大きく前進させた。日本のＡＳＥＡＮ研究の代表者である山影進は「第二ＡＳＥＡＮ協和宣言」と「ＡＳＥＡＮ憲章」以降のＡＳＥＡＮを「新ＡＳＥＡＮ」と位置づけ、「ＡＳＥＡＮ憲章によ り本格的な機構化をめざすＡＳＥＡＮは、ヨーロッパ共同体（ヨーロッパ連合の前身）を部分的にせよ模倣しようとしている意図が窺える。ここでは詳細な比較対照はしないが、首脳会議の年二回開催、閣僚理事会、議長国制度、本部（事務局）常駐代表機関などはヨーロッパの制度に通じるところがある」とＡＳＥＡＮの進展を評価した［山影 二〇〇八］。

「ＡＳＥＡＮ憲章」に盛り込んでいる「一つのビジョン、一つのアイデンティティ、一つの共同体」というＡＳＥＡＮの道標からみると、この「新ＡＳＥＡＮ」はシンボルの性格が強くて、その実現には多くの課題が残されているといわざるを得ない。しかし、「ＡＳＥＡＮ憲章」に明記されている目標と原則についてみると、地域の平和・安全・安定の維持強化、地域的強靭性の強化、法の支配、グッドガバナンス、民主主義原則の支持、人権と基本自由の促進、社会正義の促進などの項目はカントの共同体の秩序観を反映され、欧州共同体を目指していることも伺える。このことは勢力均衡の秩序観を基本とする東アジア大国秩序とは別に、理想主義としての新興地域秩序の試みとして評価・注目すべきであろう。

さらに二〇〇〇年以降、ＡＳＥＡＮ域内経済協力は実質的進展がみられた。それは二〇〇七年にＣ

EPT（共通効果特恵関税：Common Effective Preferential Tariff）を抜本的に改定したATIGA（ASEAN物品貿易協定：ASEAN Trade in Goods Agreement）の締結を経て、二〇一〇年一月にASEAN6（先発六カ国、以下同）はAFTA（ASEAN自由貿易地域：ASEAN Free Trade Area）の実現及び域外とは「ASEAN＋1」FTAの締結に漕ぎ着けた［唱 二〇一二］。これにより、ASEANは法的・制度的な経済統合を実現し、事実上の経済統合を大幅に前進させた。

なお、AFTAの完成にともなって、ASEANの地域統合目標は単なる関税引下げから物品、サービス、資本、熟練労働力の自由な移動を含めた経済共同体の創設に移行することになった。それは共同体実現のための行動計画とスケジュールが盛り込まれているAECブループリント（ASEAN Economic Community Blueprint）の実行を着実に推進しており、二〇一五年を目途に経済、安全保障、社会文化など三つの柱からなる「ASEAN共同体」に向けて努力している。

要するにASEANはまさに「マレーシア紛争」の真っ直中で生まれ、その後、紆余曲折をたどりながら、域内の様々の国際紛争を乗り越えて、機構化・制度化・法人化に漕ぎ着けて、むしろ、国際紛争の中で成長された国際協力機構といった方がふさわしい。いまも地域経済共同体の実現に向けては、多くの課題と「遠心力」を抱えているにもかかわらず、これまでに蓄積されてきた、協議とコンセンサスによる「紛争の平和的解決」という「ASEAN Way」の理念は将来の地域紛争の解決に役に立つであろう。

2　ＡＳＥＡＮ経済共同体の戦略目標と行動計画

ＡＳＥＡＮはＡＳＥＡＮ経済共同体（ＡＥＣ）を実現するための行動計画として、二〇〇七年に「ＡＥＣブループリント」を、二〇一〇年に「ＡＳＥＡＮ連結性マスタープラン」を採択した。以下、この二つの行動計画に基づいて、ＡＥＣの戦略目標と進展状況及びその将来展望をしたい。(5)

（一）ＡＥＣブループリント

ＡＥＣブループリントはＡＥＣの戦略目標と行動計画を提示している。そこで提示されている戦略目標は**表1‐1**のとおりであり、その具体的内容は①市場統合、②共通政策、③格差是正、④域外とのＦＴＡなどの四つに要約することができる。

ＡＥＣブループリントの中心となっているのは単一の市場と生産基地による市場統合である。即ち、物品、サービス、投資、資本、熟練労働者の域内での自由な移動を実現し、統合された市場とサプライチェーンネットワークの構築を狙っている。

この戦略目標の中で、最大の成果はＡＳＥＡＮ６の域内関税撤廃と「ＡＳＥＡＮ＋１」ＦＴＡの締結である。それにより、先発六カ国間の平均関税率は二〇〇〇年の三・六四％から二〇一一年の〇・

表１-１　AECブループリントの戦略目標

戦略目標	重要構成要素
① 単一の市場と生産基地	・物品の自由な移動 ・サービスの自由な移動 ・投資の自由な移動 ・資本のより自由な移動 ・熟練労働者の自由な移動 ・優先統合分野 ・食料・農業・林業
② 競争力のある地域	・競争政策 ・消費者保護 ・知的所有権 ・インフラ開発 ・税制 ・電子商取引
③ 公平な経済発展	・中小企業 ・ASEAN統合イニシアチブ
④ グローバル経済への統合	・対外経済関係 ・グローバルサプライチェーンネットワークへの参加

出所：ASEAN事務局，*AEC Blueprint*.

〇五％に低下した。また、ＣＬＭＶの中で、ベトナムは二〇一三年にすでに関税撤廃の目標を実現し、ミャンマーとラオスは二〇一五年に、カンボジアは二〇一七年に関税の撤廃と〇－五％への関税削減をコミットメントしており、二〇一八年には全加盟国で関税が撤廃され、自由化率が九九％という非常に高い目標を目指している。(6) しかし、この単一の市場はＥＵの共同市場と異なり、様々な制限が残り、経済連携協定（ＥＰＡ）に相当する水準に過ぎない。

（二）ASEAN連結性マスタープラン

ＡＥＣブループリントの補完計画として、二〇一〇年にはＡＳＥＡＮ連結性マスタープラン（ＭＰＡＣ）を採択した。このＭＰＡＣは①物理的連結性、②制度的連結性、③人と人の連結

表1-2　3つの連結性の戦略

1．物的連結性
① ASEAN高速道路網（AHN）の完成
② シンガポールー昆明鉄道プロジェクトの完成
③ 効率的で統合された内陸水運の創設
④ 統合され、効率的で競争力のある海運システム
⑤ ASEANを東アジアの輸送ハブとする統合され、継ぎ目のないマルチモダル輸送システムの創設
⑥ ASEAN加盟各国におけるITCインフラとサービスの開発加速
⑦ ASEANエネルギーインフラプロジェクトにおける制度的課題の解決の加速
2．制度的連結性
① 輸送円滑化に関する3つの枠組み協定の全面的な実施
② 国家間の旅客の陸送円滑化イニシアチブの実施
③ ASEAN単一航空市場の発展
④ ASEAN単一海運市場の発展
⑤ 商品貿易障壁の除去によるASEAN域内の物品の自由な移動の加速
⑥ 効率的で競争力のある物流センターの発展加速
⑦ 貿易円滑化の大幅な改善
⑧ 国境管理能力の向上
⑨ 公平な投資ルールによりASEAN域内外からの外国投資への開放の加速
⑩ 遅れた地域の制度的能力の強化と地域及び局地の政策協調の改善
3．人と人の連結性
① ASEAN域内の社会経済的な理解の深化
② ASEAN域内の人の移動の促進

出所：石川・清水・助川編［2013］．

性の強化を目標にし、**表1-2**のような戦略目標が提示されているが、その中心となるのは物的連結性である。

物的連結性はハードインフラの整備計画である。ブループリントではハードインフラ整備計画があるが、簡単なものであり、実施が遅れている部分もあるため、MPACでは詳細な計画を提示したのである。その重要な建設計画はASEAN高速道路網（AHN）とシンガポール・昆明鉄道建設プロジェクト（SKRL）である。

(1) ASEAN高速道路網（AHN）

AHNは一九九九年のASEAN運輸大臣会合で採択されており、基本的には国連アジア経済社会理事会

（ＥＳＣＡＰ）が推進しているアジア・ハイウェイ・プロジェクト（ＡＨＰ）[7]のＡＳＥＡＮ域内での拡張版であり、その総延長は二三ルートの三万八四〇〇キロメートルである。

ＡＨＮ計画の目標は現在、ミャンマーにある不通部分（二二七キロメートル）を優先的に建設し、また、二〇六九キロメートルのクラスⅢ以下の道路を二〇一二年までにクラスⅢに改善するということを狙っている[8]。現在のＡＳＥＡＮではＡＨＮ計画が進められており、クラスⅢ以下の道路の比率が年々減少しており、二〇二〇年までに全区間の道路がクラスⅠ以上に整備されることを目指している[9]。

(2) シンガポール・昆明鉄道（ＳＫＲＬ）

ＳＫＲＬは一九九五年の第五回ＡＳＥＡＮ首脳会議で提案され、二〇一五年の完成を目標としている。ルートは、東ラインがタイ、カンボジア、ベトナムを経由し、その分岐ラインがラオスとベトナムを経由する。西ラインはタイとミャンマーを経由する。現在、不通部分あるいは修復が必要な部分が四〇六九キロメートルあり、その多くがＣＬＭＶに位置している。ＭＰＡＣでは一〇カ所の不通部分の建設が計画されており、その建設が進んでいる。

ＳＫＲＬ計画はＡＳＥＡＮの主要インフラ整備プロジェクトの一つであるが、その進展には遅れがみられている。ＭＰＡＣ行動計画ではその実現の時期を二〇二〇年に先送りされている。また、このＳＫＲＬ計画以外にタイを中心とするいくつかの高速鉄道建設計画が提示されたが、タイの国内政治混乱により、そのいずれも最終決定には至っていないのであるが、中国の協力で、二〇一五年一一月に中国・昆明―ラオス・ビエンチャンの高速鉄道の着工により、新たな進展がみられている。(10)

(3) 継ぎ目のないマルチモダル輸送システムの構築

この計画では、東西経済回廊とメコン・インド経済回廊の開発を中心としているが、東西経済回廊ではミャンマーの不通部分の建設とヤンゴン及びダナンのターミナル港の建設、メコン・インド経済回廊ではカンボジアのニアックルアンにおけるメコン川の架橋、ダウェー深水港の建設、カンチャナブリとダウェーの高速道路の建設のFSなど、具体的なプロジェクトが盛り込まれている。

(三) 行動計画の進捗状況

ASEANではAEC創設の進捗を監視するために、ASEAN事務局の中にASEAN統合監視オフィス（ASEAN Integration Monitoring Office：AIMO）を設置し、四つの戦略目標の進捗状況を評価したスコアカードを作成している。このスコアカードは二〇〇八―二〇〇九年をフェーズ1、二〇一〇―二〇一一年をフェーズ2、二〇一二―二〇一三年をフェーズ3、二〇一四―二〇一五年をフェーズ4の四段階に分けて、各フェーズにおける戦略目標の進捗状況を評価している。これまでの公表によると、戦略目標の進捗状況に関しては、フェーズ1は八九・五％、フェーズ2は七二・一％、フェーズ3は七九・七％、フェーズ1―3の累積進捗率は八〇％とされている。その戦略目標は一部の遅れがみられるものの、全体的には順調に進んでいる。[11]

また、国際貿易投資研究は行動計画の進捗状況を、①想定どおりあるいは想定以上の成果、②概ね想定どおりに実施、③想定より遅れているが、一定の成果がみせられる、④実施が大幅に遅れているなど、四つのランクに分け、行動計画の最新の進展状況を評価して、研究報告書をまとめている。その研究報告書によると、分野別の進捗状況は下記のとおりである。[12]

①想定どおり、あるいは想定以上の成果を挙げた分野：関税撤廃、消費者保護、ＡＳＥＡＮ＋１ＦＴＡの締結などである。

②概ね想定どおりに実施した分野：原産地規則の継続的改善、関税業務の円滑化、基準認証、サービス貿易の自由化、投資の自由化、資本移動の自由化、単一航空市場の創設、中小企業競争力の強化などである。

③想定より遅れているが、一定の成果がみせられる分野：ＡＳＥＡＮシングルウィンドウ、熟練労働者の自由な移動、競争政策、知的所有権、輸送円滑化、エネルギー協力などである。

④実施が大幅に遅れている分野：非関税障壁の撤廃、二重課税防止のための二国間協定などである。

なお、二〇一五年一〇月末時点では、その実行率は九二・七％となり、現実としては、ごく少ない分野を除いて、行動計画の戦略目標は予定通り実現するであろう。

3　ASEANをハブとするRCEPの特質と可能性

ASEANの地域統合において、注目すべきはRCEPの提起である。二〇一〇年以降、以上のようなASEAN地域統合に向けた行動計画の進展及び「ASEAN+1」FTAネットワークの完成を踏まえて、二〇一二年一一月二〇日に行われた東アジアサミットでは、二〇一三年早期に「東アジア地域包括的経済連携」（RCEP）の交渉開始、二〇一五年に交渉妥結を宣言した[13]。それが実現できれば、東アジア／アジア太平洋地域において人口三三億、GDP一九兆ドル、貿易額一〇兆ドルの経済圏が誕生することになる。

RCEPは①包括的なEPA、②ASEANのFTAパートナーが参加、③一括受託、④技術協力と能力開発、⑤後発国を配慮する柔軟性、⑥円滑化、⑦WTOとの整合性などの原則を方針としているが、その交渉分野は物品貿易、サービス貿易、投資、経済及び技術協力、知的財産権保護、競争、紛争解決などにわたっている。

(一) RCEP提起の背景

RCEPはASEANがイニシアチブを取って推進されてきたのは次のような背景があるからだと考えられる。①TPPや中日韓FTAに対抗して、東アジア地域経済統合におけるASEANの中心性を維持しようとしていること、②TPPによるASEAN域内の分裂を回避し、域内の結束力を強めたいこと、③東アジアにおける五つの「ASEAN＋1」FTAを統合して、東アジアFTAネットワークの経済効果を最大に引き出したいことなどである。

(二) RCEPの特徴

RCEPはTPPに並列して、東アジア/アジア太平洋地域FTAにおける二国間主義から多国間主義へと転換させる新たな試みとなっているが、それはTPPと比べ、次のような特徴がある。

(1) 新興国（地域）のイニシアチブ

TPPはアメリカのイニシアチブで、アメリカ市場をバックグランドとして推進されてきたのに対し、RCEPはASEANのイニシアチブで、ASEANと中国などの新興市場をバックグランドとしているメルコスール（南米南部共同市場）に次ぐ新興国主導の地域経済統合であるが、日本、韓国、シンガポールなどの先進国も入っていることと東アジア生産ネットワークを基盤とすることは、メルコスールとは異なっている。さらにRCEPを支えているのはあくまでも東アジア新興市場の成長性にあるため、相対的に停滞しているアメリカ市場と急拡大している新興国（地域）市場の可能性からみれば、ＲＣＥＰの実現可能性が極めて大きいといわざるを得ない。

(2) 五つの「ＡＳＥＡＮ＋１」ＦＴＡの統合

ＴＰＰは交渉が難航しているＷＴＯに取って代わって高度な世界通商秩序を構築しようと目指しているので、包括的で自由化レベルの高い貿易ルールの設定を目指している。これに対し、ＲＣＥＰはこれまでに完成した東アジアＦＴＡネットワークの統合を目指している。その目標は高度な貿易ルールの構築というよりも五つの「ＡＳＥＡＮ＋１」ＦＴＡの関税削減スケジュール及び原産地規則の統一を交渉の重点項目としている。それゆえ、例外なき関税撤廃を主張するＴＰＰと比べると、ＲＣＥＰは後発国を配慮する柔軟性を持ち、ＣＬＭＶに対する特別待遇の原則も交渉の視野に入れている、いわゆる新興国向けのＦＴＡである。

(3) 東アジア生産ネットワークの拡大

東アジアとアメリカの貿易は主に最終財の輸出を中心としているが、東アジアでは工程内国際分業を中心としている。また、自由化レベルが高く包括的でアメリカが主導するＴＰＰはアジア太平洋における最終財貿易の拡大に大きな役割を果たすと見込まれている。

これに対し、ＲＣＥＰは域内各国の政治体制と経済発展段階の相異により必ずしも高度なルールづくりにはなれないものの、主に五つの「ＡＳＥＡＮ＋１」ＦＴＡの関税撤廃スケジュール、原産地規則、ルールの統一により東アジア／アジア太平洋における広域サプライチェーンの構築を目的としている。その実現は東アジアにおける中間財・資本財の貿易拡大をもたらすと見込まれている。

しかし、二〇一五年一一月にＴＰＰは大筋合意に達したのに対し、ＲＣＥＰの合意を二〇一六年に延期した。それにもかかわらず、今後の東アジア／アジア太平洋地域ではＴＰＰとＲＣＥＰという二つのＦＴＡ枠組みが並立するのは紛れもない現実であり、ＲＣＥＰはＴＰＰに対抗するために提起されたといっても、この二つの枠組みにおける性格上の相違により、お互いに相克ではなく、東アジア地域の多様性に基づいた住み分けによる相互補完関係もあるといった方が良いのである。それゆえ、域内各国にとってＴＰＰとＲＣＥＰは二者択一ではなく、同時参加することも可能である。

(三) RCEPの課題

ＲＣＥＰは東アジアにおけるこれまでのＦＴＡ／ＥＰＡの成果を総括しようというＦＴＡのバージョンアップを目指しているが、新興国（地域）主導のＦＴＡであるがゆえに、参加国の政治制度、宗教、経済発展レベルなどの相違が大きいので、完全な地域経済統合へのステップとしては限界があるといわざるを得ない。また、域内諸国において、大きな経済格差があるため、後発国を配慮する例外措置を取らざるを得ない。このことは高度なＦＴＡを締結する阻害要因となっており、将来、ＴＰＰとの統合も大きな課題となっている。

(四) 東アジア地域通商秩序の新構図

戦後、世界経済の成長は基本的に先進国の投資と市場に依存し、通商秩序の枠組みも圧倒的な経済力を持っているアメリカに主導されていたため、多角的かつ無差別的な自由貿易を主張するＷＴＯを中心としていた。経済のグローバル化はまさにこのような戦後世界経済体制の延長である。

しかし、前述したように新興国の台頭により世界経済への影響力も強まり、先進国、なかんずくアメリカに支配されている世界経済秩序は揺さぶられつつある。ＷＴＯドーハラウンドの難航はその典型的な表れであり、東アジアはその代表的な地域である。

東アジアでは従来、経済発展には圧倒的な技術力と経済力を持つ日本にリードされ、雁行型経済発展モデルにより進展されてきており、政治及び軍事的にはアメリカを中心とする安全保障システムを基本としていた。こうした中で東アジアの通商秩序もＩＭＦ、ＷＴＯなどを基軸とする世界通商秩序の一部として機能してきた。

しかし、一九八〇年代以降、主に四つの要因により東アジア地域秩序の構図が大きく塗り変えられた。その第一は、一九八五年のプラザ合意以降、日本企業を始め、多くの先進国企業はその生産ネットワークを地域的に展開し、東アジアの事実上の経済統合を促進したこと、第二は、中国は改革・開放により、飛躍的な発展を実現したと同時に、その経済も東アジア経済圏に統合されるようになったこと、第三は、ＡＳＥＡＮは地域統合の進展により、新たな新興市場を創出すると同時に東アジア地域統合の中でより中心的な役割を担うようになったこと、第四は一九九七年の「アジア通貨・金融危機」により、ＡＳＥＡＮ各国は東アジア金融システムの脆弱性を認識し、域内の日本や中国と協力して、アジアの金融協力、アジア金融・資本市場の整備を強化しようという気運が高まってきたことなどである。

このような変化により東アジアの地域秩序は従来の「地域安全保障はアメリカ、経済は日本」、いわゆる先進国主導のシステムから、安全保障は東アジアへの再関与を強めようとするアメリカ、経済は急台頭するＡＳＥＡＮと中国などの新興国、地域通商秩序の構築は域内統合が進展しているＡＳＥＡＮに主導される、いわゆる三者構造となり、東アジアは従来、先進国の圧倒的な政治的、軍事的、経済的パワーによる先進国主導の地域秩序から三者のパワーバランスによる地域秩序へと変わりつつある。これはまさに世界政治・経済の構造変化を反映する縮図といってもよいであろう。

こうした中で、新たな地域通商秩序の構築もＴＰＰとＲＣＥＰという二つのＦＴＡが平行するという形で進展されてきた。前述したようにＴＰＰは先進国主導の高度な貿易ルールづくりで、ＴＷＯに代わって新たな世界経済秩序を構築しようとしているが、ＲＣＥＰはあくまでも新興国主導の地域統合である。しかし、「均衡→協調→共同体」というプロセスで推進されてきたＥＵの地域統合からみると、東アジアでは政治や経済の面での不均衡が著しい中で、各国が協調（「均衡なき協調」）を通じて地域の経済統合を推進しようとしている。このような地域経済統合が可能としても、その地域経済統合は何を目指しているか、その内容は何であるか、その秩序は先進国主導の通商秩序とどう整合するか、東アジアにどのような影響をもたらすかは、注目すべき課題である。

4　対話メカニズムによる「ASEANパワー」とその限界

（一）ASEAN主導の協議体としての「ASEAN地域フォーラム」（ARF）

ASEANの歴史を振り返ってみると、発足して以来、域内の様々な国際紛争と域外における大国間の複雑な対立と協調の隙間で生き抜いてきたといっても過言ではないであろう。このことを「ASEANパワー」の源泉だとすれば、その源泉を生み出したのはいうまでもなく、域内外にわたる対話メカニズムである。ASEANはまさにこのような対話メカニズムを通じて、内政不干渉とコンセンサスの原則の下で、域内外の対立を回避しながら、緩やかな地域統合の道を歩んできたであろう。

ASEANの対話メカニズムは「ASEAN地域フォーラム」（ARF）、「ASEAN＋3」（APT）閣僚会議・首脳会議、「東アジアフォーラム」（ERA）など、多様な枠組みを通じて、幅広い分野で対話を展開されている。こうした中で、とくに重要な役割を果たしてきたのはARFである。

一九九四年に設立したARFは主に冷戦終結後の在比米軍基地の閉鎖（一九九二年）、旧ソ連の崩壊、米軍のベトナムからの撤退などによる東南アジアの「不確実性」及び中国の軍事力増大などに対応するために立ち上げた対話のプラットフォームであり、ASEAN主導のフォーラムの中で最も歴史が長いものである。その目的は政治・安全保障問題に関する対話と協力を通じて、アジア太平洋地域の安全保障環境を向上させることであるが、その設立の背景には南シナ海問題とも絡んでいる。

即ち、冷戦構造の崩壊による米ソ対立の終結にともなって、一九九〇年に旧ソ連はベトナムカムラン湾の軍事基地を、一九九二年にはアメリカは在比米軍を相次いで撤退したことにより、ASEANにおける超大国の軍事対峙がなくなった。こうした中で、南シナ海の領有権に関しては、関係国の主張がそれぞれ異なるので、ASEAN内では一致するスタンスを取るのが難しくなった。その上で、真空地帯となったASEANの安全保障政策に関しては、「①在比米軍撤退後も米軍への補給・修理の便宜・施設・アクセスを提供して、米軍の軍事的プレゼンスを維持する（シンガポール、タイ）、②ASEAN諸国の安全保障協力を強化する（フィリピン）、③非同盟路線に立ち、大国の干渉を排除し、東南アジアの平和・自由・中立構想を実現する（インドネシア、マレーシア）など、三つの選択肢を提示した」が、ARFはこの三つの選択肢を融合する協議体として発足した［玉木 二〇〇五］。

ARFは設立当初、ASEAN加盟国のみの参加であったが、現在の参加国は二七カ国・地域となっており(14)、その役割は、フィリピン大学戦略開発研究所長のノエル・M・モラダによると、「平和と安全保障問題に関する規範、原則、外交戦略に基づく地域秩序の模索、各国の信頼関係を構築する推進手段として、参加国が希望と懸念を議論できるフォーラムを提供する」ことである［モラダ 二〇〇八］。

ＡＲＦの議題は、①地域における国家関係の指針とすべき規範と原則、②信頼醸成措置と予防外交、③参加国間の領有権問題（南シナ海問題）、④国内紛争ならびに核不拡散問題（朝鮮半島）などの未解決の伝統的安全保障問題などにわたっている。それにより、ＡＲＦはＡＳＥＡＮと域外諸国との間で、幅広い分野にわたる機能的協力を協議する協議体となっており、特にＡＳＥＡＮ対中国の戦略的関与において重要な「場」ともなっている。

(二) ＡＲＦからみた「ＡＳＥＡＮパワー」とその限界

ＡＲＦは「東南アジア平和友好条約」と「東南アジア平和地帯構想」を基礎として、ＡＳＥＡＮのイニシアチブでその組織運営をリードして、ＡＳＥＡＮ型新興地域秩序を模索する協議体を目指しており、その特色は「信頼醸成⇓予防外交⇓紛争へのアプローチの充実（紛争解決）」という「三段階アプローチ」である。この三段階アプローチの中心となるのは「予防外交」であるが、その内容は、①紛争発生前に紛争原因を除去し、紛争発生の危険性を低減すること、②紛争発生後には紛争のエスカレーションと紛争地域の拡大を防ぐことなどを目指して、「信頼醸成」と「紛争の平和的解決」をつなぐ重要なステージとなっている。

これまでのＡＲＦは「東南アジア非核地帯条約」の締結や「南シナ海行動宣言」の採択に大きな役割を果たした。しかし、ＡＲＦはあくまでも「内政不干渉」、「コンセンサス合意」というＡＳＥＡＮ

Ｗａｙを原則としており、むしろ、このＡＳＥＡＮ Ｗａｙによる「ＡＳＥＡＮパワー」で中米日大国パワーに対抗しようとしているが、それ自身には限界があり、東アジア全体の地域安全保障環境の構築及び中国とフィリピンの領土紛争の解決は不可能といっても過言ではない。しかし、南シナ海紛争のエスカレーションを防ぐ面ではある程度、積極的な役割を果たせるであろう。

むすびにかえて

要するに現在の東アジア／アジア太平洋地域の新興地域秩序は中国の台頭、アメリカのアジアでの継続的優位性の維持、二国間の領土問題をめぐる対立などを特徴としている。それを反映して、地域通商秩序の構築はアメリカ主導のＴＰＰとＡＳＥＡＮ主導のＲＣＥＰという二つの枠組みで同時進行している。この二つの枠組みは将来、東アジア新興地域秩序の形成につながるか否かは注目すべきことである。

ＡＳＥＡＮは東アジア国際社会における中立性、ＡＳＥＡＮ域内団結性、新興地域としての経済活力と市場ポテンシャル、後発国への配慮にみられる柔軟性などの有利条件からみて、ＲＣＥＰの実現可能性が大きいといえよう。特に中国の人件費上昇による東アジア生産ネットワークの再編成が進展する中で、ＡＳＥＡＮは新たな生産拠点としては大きく期待され、ＲＣＥＰを実現させるための追い風となる。

しかし、ベラ・バラッサの地域経済統合の五段階説から、ＡＳＥＡＮを中心とする地域統合の現状についてみると、ＲＣＥＰはあくまでも第一段階のＦＴＡにとどまっている。その次のステップは関税同盟か共同市場かはまだ不透明である。

なお、地政学からみて、中国とベトナム、フィリピンの間に南シナ海の領有権の問題もあり、中国とＡＳＥＡＮとの南シナ海に関する「南シナ海行動規範」の締結は目途が立っていないことなどはＲＣＥＰの阻害要因になりかねない。

さらにＲＣＥＰと東アジア新興地域秩序とのつながりについてみれば、ＡＳＥＡＮ域内の政治・経済の不均衡、米中日大国関係の戦略的再編、尖閣諸島をめぐる日中緊張関係など、多くの課題を抱えており、これらの問題を解決するためのＡＳＥＡＮの経済力、政治力、調整力などが問われている。

要するにＦＴＡを目指しているＲＣＥＰは東アジア地域統合の第一ステップとして、重要な意味合いを持っているものの、将来のレベルアップを実現するためには「ＡＳＥＡＮ共同体」自身の進展、大国関係の改善、領土問題の平和的解決など、多くの課題に直面している。

注

（1）マフィリンドはマレーシア、フィリピン、インドネシア三カ国の頭文字からとった造成語である［岡部編一九七七：三］。

（2）サバ問題は一九六二年にフィリピンは現マレーシアサバ州に対する領有権を主張することをきっかけに、その後、東南アジアの複雑な国際関係の中で、インドネシアを巻き込んで、マレーシア、フィリピン、インドネシア三カ国間の国際紛争までに拡大した。ASEANはまさにこの紛争の中で発足した。その後、ASEANの主権尊重、武力紛争回避という原則はこの「マレーシア紛争」の解決につながった。

（3）ASAやASEANの発足に対し、アメリカは歓迎したが、中国と北ベトナムは「反動勢力の結集」、旧ソ連は「経済・文化協力のための国家連合という名を借りた新しい軍事的協力体制」だと強く非難したが、一九七一年の「グアラルンプル宣言」で提起された「中立地帯構想」に対し、アメリカは歓迎の立場を表明したと同時に、中国は「中立構想」は中国の外交政策と一致する（周恩来）、旧ソ連も「ソ連の集団的安保構想と矛盾するものではない」といずれも好意的な評価を行い、「中立地帯構想」への支持を表明した［岡部編 一九七七：一〇］。

（4）ASEAN協和宣言（「バリ宣言」）ではASEAN協力の目標と原則に関しては、①ASEAN地域の平和と安定のため各国及びASEANのレジリアンスを強化する、②平和・自由・中立地帯実現のため具体的措置をとる、③域内紛争は平和的に解決する、④互恵、民族自決、主権平等、内政不干渉などの原則に基づくASEAN共同体を創設するため努力するなどを定めた［岡部編 一九七七：一五］。

（5）この二つの行動計画に関しては、主に石川［二〇一三］を参照した。

（6）石川幸一「着実な自由化、成果大きく」（「経済教室」『日本経済新聞』二〇一五年一二月四日）。

（7）アジア・ハイウェイ・プロジェクトは一九五九年に極東アジア極東経済委員会（ECAFE）に採択され、その後の一九六八年に国連アジア太平洋経済社会委員会（ESCAP）に引き継がれた道路整備計画である。その総延長は一四万二〇〇〇キロメートルに及び、アジアのほとんどの国が参加している。

（8）ＡＨＮの道路建設基準は基本的にヨーロッパ・ハイウェイに準じており、次のようなカテゴリーに分けられている。①プライマリー：四車線以上、設計速度六〇―一二〇キロメートル自動車専用道路、②クラスⅠ：四車線以上、設計速度五〇―一〇〇キロメートル、③クラスⅡ：二車線、設計速度四〇―八〇キロメートル、④クラスⅢ：二車線、設計速度三〇―六〇キロメートル。
（9）ＡＳＥＡＮ高速道路網の建設に関しては、春日［二〇一三］を参照されたい。
（10）「鳳凰国際网」二〇一五年一一月一八日。
（11）神尾篤史「ＡＳＥＡＮ経済統合を域内企業はどう見ているのか」大和総研レポート。
（12）国際貿易投資研究所編「ＡＳＥＡＮ経済共同体の進捗状況を評価する」（http://www.iti.or.jp/flash210.htm.二〇一五年一二月二八日閲覧）。
（13）『日本経済新聞』二〇一二年一一月二一日。
（14）ＡＲＦの参加国はＡＳＥＡＮ加盟国のほか、日本、アメリカ、カナダ、豪州、ニュージーランド、パプアニューギニア、韓国、北朝鮮、モンゴル、中国、ロシア、インド、パキスタン、東ティモール、バングラデッシュ、スリランカなどの一六カ国、ＥＵなどがある。

第2章 ASEANの新興国化と「東アジアトライアングル」の形成

はじめに

ゴールドマン・サックスのエコノミストであるジム・オニールは二〇〇一年にBRICSという用語を初めて提起して以来、新興国の経済成長は、にわかに世界から注目を浴びるようになった。二〇〇〇年以降、多くの国々は新興国の仲間入りにより、世界は日米欧先進国が主導するG7の時代からG20という先進国と新興国が協調する時代へと突入した。

こうした時代変化の中で、一九九〇年代にはアジアNIESの急成長で、「東アジアの奇跡」と賞賛された東アジアでは、中国とASEANなどの「新興中進国群」[1]は東アジアの新たなけん引役として急浮上し、それにより、東アジア経済発展の基軸も従来の「太平洋トライアングル」から「東アジアトライアングル」へとシフトしつつある。本章では、ASEANにおける経済成長の成果から東アジア経済圏の可能性を述べたい。

1 「太平洋トライアングル」から「東アジアトライアングル」へ

二一世紀に入ってから、世界経済の大きな変化といえば、東アジアの躍進と世界市場構造の逆転である。プラザ合意以前に東アジアの工業化を支えてきたのは、アメリカを最終的なアブソーバーとする米・日・アジアNIESから成る「太平洋トライアングル」であった。それが、一九九〇年代後半から貿易と投資の流れが変わり、中国をアブソーバーとする中国（＋韓国・台湾、香港）、日本、ASEANの三者から成る「東アジアトライアングル」にシフトしつつある。この「東アジアトライアングル」が台頭する背景としては、この地域では、領土・領海や歴史認識などの問題で争いあっているにもかかわらず、その底流には、「一つのアジア」として、地域連携を強める動きが加速化し、地域統合が急進展しているからである。

世界市場をEU、NAFTA、東アジアだとすれば[(2)]、**図2-1**に示されているように、東アジアの世界輸入に占めるシェアは二〇〇四年にはNAFTAを抜いて、二〇一三年には二八・六％となり、EUに迫っている。この東アジア市場の中核となるのは紛れもなく、中進国化しつつある中国、AS

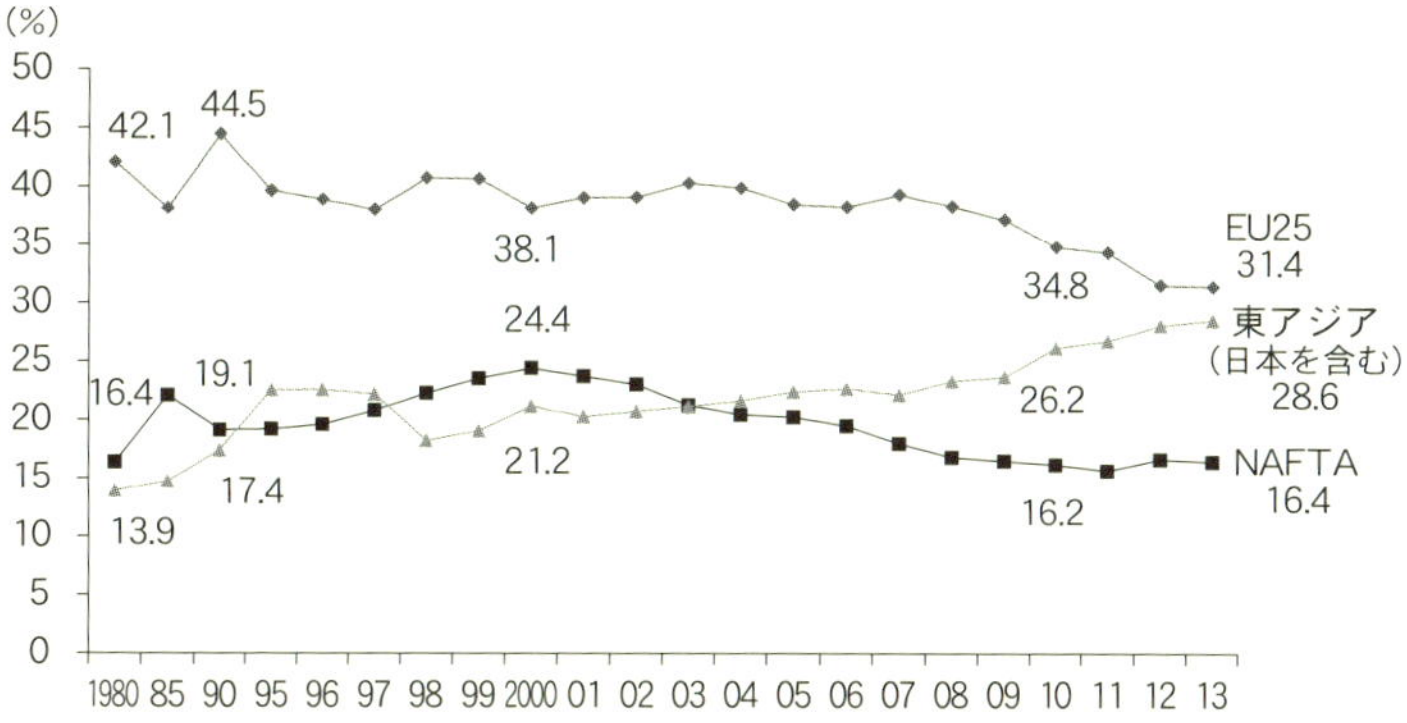

図２-１　世界貿易における三大経済圏の輸入シェア

出所：IMF, *Direction of Trade Statistics* より作成.

ＥＡＮなどのアジア新興国である。これらの国々は経済成長により、巨大な消費市場になると同時に、域内の直接投資と貿易を牽引するセクターとして中核的な役割を果たしている。

二〇一三年には中国とＡＳＥＡＮの対世界輸出額は三兆四四三二億ドルで、世界輸出総額（一八兆二八二六億）の一八・八％、東アジア輸出総額（五兆五四四九億ドル）の六二・一％を占めている。また、同年の対世界輸入額は三兆四四三二億ドルで、世界輸入総額（一八兆九二三八億ドル）の一六・七％、東アジア対世界輸入総額（五兆四〇三四億ドル）の五八・四％を占めており、そのいずれもＮＡＦＴＡを上回っており、アブソーバーとしての東アジア市場の中核となっている[3]。

このような変化は東アジア諸国・地域の輸出依存構造の変化にも現れている。**表２-１**の通り、一九八五年から二〇一三年の間、中国を除いて、ＡＳＥＡＮと日本、韓国

表2-1　東アジア諸国・地域輸出依存度の変化

（輸出構成比，単位：%）

		日本	中国	韓国	ASEAN	東アジア	アメリカ	EU28
日本	1985年	−	7.1	4.0	6.6	17.7	37.6	13.3
	1990年	−	2.1	6.1	11.6	19.8	31.7	20.7
	2000年	−	6.3	6.4	14.3	27.5	30.1	16.8
	2010年	−	19.4	8.1	14.7	42.2	15.7	11.3
	2013年	−	18.1	7.9	15.5	41.5	18.8	10.0
中国	1985年	22.3	−	0.0	10.4	32.7	8.6	10.0
	1990年	14.7	−	0.7	6.6	22.0	8.5	10.2
	2000年	16.7	−	4.5	7.0	28.2	20.9	16.5
	2010年	7.6	−	4.4	8.8	20.7	17.9	19.8
	2013年	6.8	−	4.1	11.0	21.9	16.7	15.4
韓国	1985年	15.0	0.0	−	5.1	20.1	35.6	12.1
	1990年	18.6	0.0	−	7.5	26.2	28.6	15.0
	2000年	13.0	7.0	−	13.7	33.6	18.5	13.3
	2010年	6.0	25.1	−	11.4	42.5	10.7	11.5
	2013年	6.2	26.1	−	14.7	46.9	11.1	8.8
ASEAN	1985年	23.9	1.4	3.9	20.8	50.0	20.3	11.9
	1990年	18.9	1.8	3.3	19.8	43.8	19.4	16.0
	2000年	13.4	3.8	3.7	23.8	44.7	19.0	15.0
	2010年	9.8	10.8	4.2	24.9	49.7	9.5	11.0
	2013年	9.8	12.2	4.3	26.4	52.7	9.2	10.1
東アジア	1985年	8.9	4.5	3.0	10.0	26.4	30.9	12.5
	1990年	8.7	1.6	4.0	12.7	27.0	25.6	17.6
	2000年	9.0	4.9	4.3	15.6	33.9	23.7	15.9
	2010年	6.5	9.9	4.6	14.7	35.7	14.4	14.8
	2013年	6.5	9.0	4.2	16.2	36.0	14.4	12.4

注：ここでいう東アジアはASEAN+3を指している．
出所：1985年，1990年のデータはJETRO貿易統計，その他のデータは同アジア大洋州課『ASEAN 10ヶ国貿易』2000〜2009年，2010年より作成．

の対東アジアの輸出依存度はいずれも上昇した。その結果、同期間の東アジアの対米輸出依存度は三〇・九％から一四・四％に低下していたのに対し、対域内輸出依存度は二六・四％から三六・〇％へと上昇した。その中でとくにアメリカ市場に依存していた日本の対東アジア輸出依存度は一九八五年の一七・七％から二〇一三年の四一・五％へ、同じ韓国のそれは二〇・一％から四六・九％へと、いずれも四〇％以上となり、ASEANの対東アジア輸出依存度も五二・七％となり、東アジアでの「アジア化するアジア」が急速に進んできた(4)。

また、直接投資の受入についてみると、二〇一三年には中国とＡＳＥＡＮの直接投資の受入額は二四九三・五億ドル（中国：一二三九・一億ドル、ＡＳＥＡＮ：一二五四・四億ドル）で、ＥＵ２８（二四六二・一億ドル）を上回っており、世界直接投資受入額（一兆四五一九・七億ドル）の一七・二％を占めている〔末廣 二〇一〇：二二〕。そして、中国の直接投資受入額についてみると、その八割以上は東アジア域内からである。

即ち、「太平洋トライアングル」とは、アジアＮＩＥＳ及びＡＳＥＡＮ先発国は日本から資本財・中間財を輸入して、最終財をアメリカに輸出する国際分業構造を指しており、このような国際分業構造の中で、アメリカは工業製品のアブソーバーとして、日本を含む東アジアの追跡的かつ重層的工業化を支えてきたことである。

しかし、「アジア化するアジア」とは中国とＡＳＥＡＮの経済発展にともなって、それ自身が巨大な消費市場となって、アジアで生産された製品はアジアで消費する構造が定着するだけでなく、最近の中国とＡＳＥＡＮでは最終消費財を生産するための資本財・中間財も域内で調達するようになった。

現在、輸出においても対内直接投資においても、東アジアは、ある程度アメリカに依存してはいるが、アメリカ市場の重要性の低下及び域内市場及び域内からの直接投資の重要性の浮上からみれば、東アジア成長の軸は一九八〇年代半ばからの「太平洋トライアングル」から「東アジアトライアングル」へとシフトしつつあるのは紛れもない事実である。とくに今後、中国とＡＳＥＡＮの経済力の強化にともなって、東アジアの貿易、投資、金融市場でのプレゼンスが高まり、域内経済成長のダイナミズムをさらに強めるであろう。

2　巨大な産業集積地域としてのＡＳＥＡＮ

（一）工業化の進展

ＡＳＥＡＮは**表2-2**のとおり、二〇一三年現在、人口は六億一七六〇万人、面積は四四九・五万平方キロメートル、ＧＤＰは二兆四〇六五億ドルという経済圏である。このＡＳＥＡＮを構成する東南アジア諸国は長らく植民地統治により、工業化は大幅に遅れた。戦後、自立的経済発展を図るため、一九六〇年代から輸入代替工業化を始めたが、所得水準が低く、国内市場が狭小するだけでなく、資本財・部品は輸入に依存することにより、国際収支の悪化をまねいて、期待された効果には至らなかった。

こうした中で、まず、シンガポールは一九六五年、マレーシア連邦からの分離独立を契機に輸出主導型工業化政策を実施し、アジアＮＩＥＳとして急速な経済成長を実現した。その後、マレーシア、タイ、インドネシア、フィリピンなどのＡＳＥＡＮ先発国も、国際収支の改善と経済の発展を図るた

表２-２　ASEANの概要(2013年)

	首都	人口(100万人)	面積(km^2)	名目GDP(10億ドル)	1人当たりGDP(ドル)
シンガポール	シンガポール	5.3	710.0	295.7	54,775.5
マレーシア	クアラルンプール	29.5	329,735.0	312.4	10,548.0
インドネシア	ジャカルタ	244.5	513,115.0	870.3	3,509.8
タイ	バンコク	67.9	299,764.0	387.2	5,674.4
フィリピン	マニラ	95.8	1,922,570.0	272.0	2,790.4
ブルネイ	バンダル・スリ・バガワン	0.4	5,770.0	16.2	39,942.5
ベトナム	ホーチミン	88.8	329,247.0	170.6	1,901.7
カンボジア	プノンペン	15.3	181,035.0	15.7	1,016.4
ミャンマー	ヤンゴン	63.7	676,578.0	56.4	868.7
ラオス	ビエンチャン	6.7	236,800.0	10.0	1,477.0
計		617.6	4,495,324.0	2,406.5	

出所：IMF, *Direction of Trade Statistics* より作成.

めに、一九七〇年代初頭から相次いで、外国直接投資に対する奨励政策を導入し、繊維などの軽工業品を主体とする輸出主導型工業化を実施し始め、先進国からの直接投資を増大させた。これはＡＳＥＡＮ工業化のそもそものスタートであった。

一九八〇年代に入ると、原油、すず、ゴム、米などの一次産品の価格低下や工業化にともなう賃金コストの上昇などの経済環境の変化に対応して、ＡＳＥＡＮ先発各国は重工業化路線を主体とする輸出主導型工業化に切り替えた。その後、紆余曲折をたどりながら、大規模な外国直接投資により、電機・電子、自動車などの工業製品の輸出拡大により、各国の工業化の水準も高まった。

ＡＳＥＡＮ工業化の特徴は、国別の工業化政策だけでなく、域内各国の産業連携や地域統合により、国内市場の狭小を乗り越えて、規模の経済性を追求することであった。そのための最初の地域産業連携は一九八八年に調印された

ＢＢＣスキーム（自動車部品相互補完協定：Brand to Brand Complementation on Automotive Industry）であったが、地域経済統合は一九九二年にＡＳＥＡＮ６で調印されたＣＥＰＴ（共通効果特恵関税：Common Effective Preferential Tariff Scheme）から始まった。それ以降、一九九九年までにＡＳＥＡＮ後発四カ国の加盟、二〇〇〇年以降、「ＡＳＥＡＮ＋１」ＦＴＡの最終的完成及び二〇〇七年にＣＥＰＴを抜本的に改定したＡＴＩＧＡ（ＡＳＥＡＮ物品貿易協定：ASEAN Trade in Goods Agreement）の締結を経て、二〇一〇年一月にＡＳＥＡＮ６（先発六カ国、以下同）はＡＦＴＡ（ＡＳＥＡＮ自由貿易地域：ASEAN Free Trade Area）の実現に漕ぎ着けて、「東南アジアのＡＳＥＡＮ化」へと着実な一歩を踏み出した。

このように二〇〇〇年以降、ＡＳＥＡＮは地域統合を進めながら、電子・電機、自動車を主体に外国資本主導の工業化を進めてきた。とくに二〇一〇年以降、ＡＳＥＡＮ先発各国による所得水準の上昇にともなって、労働集約的な産業は周辺の後発国への移転が始まり、ＡＳＥＡＮ工業化のダイナミズムは周辺の後発国へと広がり始めた。

（二）エレクトロニクス産業の集積地域としてのマレーシア、ベトナム

⑴ マレーシア

電子・電機産業はＡＳＥＡＮの基幹産業であるが、そのリード役を果たしているのはマレーシアである。かつて、マレーシアの伝統的輸出品目はゴム、すず、パーム油、原油などであったが、

一九七〇年代に入ってから、マレーシア政府の積極的な工業化政策を背景に、日本の東芝、三洋電機、シャープ、松下電器が相次いで家電製品・電子部品の生産を開始し、エアコンやテレビなどの生産拠点が集まった。とくに当時の日本、アメリカの半導体メーカーはオフショア生産を行うために大挙して進出することもあって、半導体産業はマレーシアの工業製品の中で最大の輸出品目となっており、マレーシアの工業化を牽引するリーディング産業ともなった。

さらに一九八七年からはプラザ合意後の円高を背景に欧米への輸出を目的とした大規模な生産拠点の設置により、裾野産業としての電子部品産業も集積した。電子・電機産業はマレーシアの代表的な輸出産業として成長し、マレーシアもASEANにおけるエレクトロニクス産業の一大集積地域に成長した。二〇一三年には電子・電機製品の輸出はマレーシア輸出総額の三三・九%を占めており、域内及び最大輸出相手国である中国への輸出において、最大の輸出品目ともなっている。

二〇一二年にはマレーシアの一人当たりGDPが一万ドルを超えて、すでに高所得国の所得水準に達したため、労働集約的なエレクトロニクス製品の生産拠点はベトナム、フィリピンに移転し始めたことにより、マレーシアはさらに太陽光パネルなど、新たな高付加価値産業集積分野を目指している。二〇一〇年以降、マレーシア政府の太陽光発電分野への投資奨励政策により、日米欧及び中国の大手企業は相次いでマレーシアに進出し、太陽光発電分野は新たな産業集積として芽生え始めている。

(2) ベトナム

そのマレーシアに次いで、ＡＳＥＡＮのエレクトロニクス産業集積地域として浮上しているのはベトナムである。ベトナムは、一九八〇年代末から一九九〇年代初頭にかけて、「ドイモイ政策の実施」、「対外関係の改善」、「外国資本の受入」などを相次いで実施し、短期間に輸出主導型工業化政策への転換を実現した。ベトナムの輸出主導型工業化政策は多様な試行錯誤をしながら、二〇〇〇年以降、実り始めつつある。その最大の成果は新生ベトナムとして、東アジア有数のエレクトロニクス産業集積地域になりつつあることである。

ＩＭＦの統計によると、二〇一四年にはベトナムの一人当たりＧＤＰは二〇〇〇ドルを超えた二〇五二ドルとなって、中所得国の仲間入りを果たした。また、輸出についてみれば、**図2-3**に示されているように、二〇〇八年にはＡＳＥＡＮ先発国としてのフィリピンを抜いて、ＡＳＥＡＮ第五位の輸出国となり、さらに二〇一四年には対世界の輸出額はインドネシア（一七六二・九億ドル）に迫る一五〇一・九億ドルに達した。その輸出拡大を牽引したのはエレクトロニクス産業であるが、そのエレクトロニクス産業の輸出拡大を押し上げているのは外国大手電子・電機メーカーだとみられている。

二〇一〇年以降、世界大手電子・電機メーカーは相次いでベトナムに進出し始めた。二〇一一年には、サムスンはベトナム北部バクニン省で同社主力のスマートフォン工場を稼動させ、北部タイグエン省で、第二工場を建設中、世界最大ＥＭＳ（電子機器の受託生産）メーカーであるフォックスコン（鴻海）もベトナムへの進出を決めた。さらに二〇一三年にはノキアはバクニン省に生産工場を新設、京セラ、パナソニック、富士ゼロクスなどの日本メーカーも新工場の増設や生産拡大に取り組んでいる。これらの大型投資案件は一気にベトナムのエレクトロニクス製品の輸出拡大を押し上げた。

ＪＥＴＲＯの統計によると、二〇一二年までに縫製品はベトナム最大の輸出品目であったが、二〇一三年から電話機及びその部品の輸出額（二一二・四億ドル）は縫製品の輸出額（一七九・五億ドル）を抜いて、最大輸出品目となり、それにコンピュータ電子製品とその部品の輸出額（一〇六・〇億ドル）を加えて、ベトナム輸出総額の二四・一％を占めている。[5] 勿論、これらの電気製品の輸出には労働集約的な組立製品を中心としている。しかし、キャッチアップ工業化の発展段階からみれば、縫製品からエレクトロニクス製品への輸出構造の転換は工業化水準のレベルアップであり、産業構造の深化とみられるべきである。

（三）自動車産業集地域としてのタイ、インドネシア、マレーシア

ＡＳＥＡＮの自動車産業は一九六〇年代初頭からタイ、マレーシア、インドネシアなど、ＡＳＥＡＮ先発国における先進国の自動車メーカーによる現地組立から始まったが、その後、部品生産の国産化を推進して、現在、その裾野産業を含めて、ＡＳＥＡＮの一大産業集積となっている。二〇一四年には世界的な自動車生産・販売の低迷の中で、ＡＳＥＡＮの主要自動車生産国としてのタイ、インド

ネシア、マレーシアなど、三カ国の生産台数は合計三七七・四万台（その内、タイは一八八・〇万台、インドネシアは一二九・八万台、マレーシアは五九・六万台）で、世界生産台数（八八一六・〇万台）の四・二％［日本貿易振興機構 二〇一五］に過ぎないが、その裾野産業を含め、ASEAN基幹産業の一つとして、域内での産業集積の形成において、欠かせないけん引役を担っている(6)。

(1) タ イ

タイはASEANにおける最大の自動車生産国である。その自動車産業は、一九六一年にフォード社とタイ資本の合弁会社であるタイ・モーター・インダストリー社による組立生産から始まり、一九六二年に産業投資奨励法の中で、自動車産業への優遇政策により、一九六九年までに日本のトヨタ自動車、日産自動車、三菱自動車、日野自動車、いすゞ自動車などは相次いで現地での組立工場を立ち上げた。

二〇〇〇年以降、ASEAN域内や中東への輸出拡大をにらみ、生産は順調に拡大しており、二〇〇五年には生産台数は初めて一〇〇万台を超え、二〇一三年には二四五万台まで達した。二〇一四年には国内販売は三三・七％減の八八・一万台に落ち込んだため、国内生産台数は二三％減の一八八万台に留まったが、アジア全体では、中国（二三七二万台）、日本（九七七万台）、インド（三八四万台）に次ぎ、第四番目の生産規模であると同時に、輸出は過去最高の一一二・八万台となり、自動車の輸出拠点としての重要性を増している［日本貿易振興機構 二〇一五：五］。

自動車部品の生産に関しては、一九七〇年代に入ってから、政府の国産化政策に沿って、自動車部品の国産化を奨励しはじめ、一九八〇年代後半から一九九〇年代にかけて、完成車メーカーの増産で部品への需要拡大にともなって、部品メーカーの進出ラッシュを迎え、日本企業を主体とするサプライヤーの進出が本格化し、自動車部品産業の集積に厚みを増した。二〇一四年にはタイの一次部品メーカーと二次部品メーカーを合わせて、二〇〇〇社以上となり、すべての部品分野に広がっており、完成車メーカーの現地調達率は五三・〇％で、ＡＳＥＡＮでは最も高い［濱條・中川 二〇一三］。これにより、タイはバンコクを中心にアジア有数の厚みのある自動車産業集積となっている。

さらに二〇一一年以降、人件費の上昇や人手不足などにより、労働集約的な自動車部品生産はカンボジア、ラオスなどの周辺国に移転し始め、バンコクを中心としたサプライチェーンが周辺国に拡大する動きがみられている。その移転先はカンボジアでは、西部沿岸部のコッコン、内陸部のポイペト、首都プノンペン、ラオスでは、南部のサバナケット、首都ビエンチャンにわたっている。このようなサプライチェーンの周辺国への拡大により、将来、バンコクを中心として、周辺のラオス、ミャンマー、カンボジアに広がる自動車産業集積地域の形成が十分可能だと見込まれている。

(2) インドネシア

インドネシアはＡＳＥＡＮでは最大の自動車保有国で、二〇一四年の自動車生産台数は一二九・八万台［日本貿易振興機構 二〇一五］で、タイのバンコクに次ぐ自動車産業の集積地域である。

自動車の生産は外国の自動車メーカーと提携した国内企業が行っているが、日本車は九割以上という圧倒的なシェアを占めている。

インドネシア政府は自動車産業を、工業化を推進するための戦略産業と位置付け、部品産業を含めて、輸出産業化を目指している。自動車部品の国産化に関しては、早くも一九七七年から商用車を対象に国産部品の使用を義務付ける「商用車の国産化計画」を実施し始めた。さらに一九八三年にはエンジンを中心とする第二次国産化計画が制定された。これらの国産化政策はその時々の情勢変化により、何回も延期されたが、二〇〇〇年以降、国内完成車の生産拡大にともなって、サプライチェーンの集積も進んでおり、輸出も増えている。しかし、裾野産業の集積はタイより大分遅れているのも事実である。

二〇一〇年以降、インドネシアの内需を狙う外国企業の直接投資は再び活発化する中で、日本からもトヨタ、ダイハツ、日産などの大型追加投資により、日本のタイ、インドネシアへの投資拡大を牽引した。それに現地での生産拡大にともなう部品の現地調達ニーズの高まりもあって、二次、三次サプライヤーなどの部品関連産業の進出も活発化している。しかし、①国内での最低賃金の急上昇、②首都ジャカルタ周辺の工業団地の用地不足、③インフラ不足による道路・港湾の混雑、④タイより裾野産業の遅れなどは、自動車産業の更なる発展のために課題を残している。

(3) マレーシア

マレーシアの自動車産業は早くも一九六〇年代から輸入代替工業化政策の一環として、重点育成産業に指定され、日本、アメリカ、欧州の自動車メーカーは現地企業との合弁会社で組立生産を始めたが、国内市場の狭小、裾野産業の遅れ、生産効率の悪さなどにより、産業としては振るわなかった。

一九八〇年代初頭、重工業化路線を中心とする第二次輸入代替工業化を推進する中で、マハーティル首相が打ち出した国民車構想（一九八二年）及び自動車産業の合理化を狙う統合・再編成を行う一環として、一九八三年にＨＩＣＯＭ（Heavy Industries Corporation of Malaysia）[7]と三菱自動車工業、三菱商事との合弁会社であるプロトン社（Perusahaan Automobile National SdnBhd）を立ち上げて、一九八五年から三菱自動車工業のミラージュをベースにした国民車「サガ」の生産を開始し、その後、一九九四年にシトロエン、一九九五年にローバーと技術提携を結び、さらにロータス車を買収して、技術導入を試みていた。その上、政府の強力な支援政策により、マレーシア国内自動車市場でのシェアを順調に拡大し、ピーク時の二〇〇〇年には国内での国産車シェアは五二％に達したが、それ以降、経営環境の悪化により経営不振が続き、二〇一四年には国産車国内市場シェアは一九・七％に陥った［日本貿易振興機構二〇一五］。

マレーシアの自動車産業育成政策はタイやインドネシアとは異なって、輸入代替産業育成政策の一環として、韓国について最初から国民車の生産に取り組む国であった。部品産業に関しても、国民車政策と同様に高関税、高国産化率の設定により、熱心に地場ベンダーの育成に取り組んでいるし、プロトン社のサポーティング・インダストリー育成政策もあり、地場系の部品メーカーは多数育てられている。

これらの地場系部品メーカーのほとんどは、外資系企業と技術提携を結んでいるものの、品質、国際競争力において十分な水準に達しておらず、高度な技術を必要とする部分は依然として輸入に依存している。そのため、CERT実行の段階では、ノックダウン車（CKD）、完成車（CBU）の関税引下げに関して、二〇〇三年一月から二〇〇五年一月までの二年間の関税引き下げ延期を加盟各国に申し入れ、原則承認されたこともある〔松宮二〇〇二〕。二〇一四年の自動車生産台数は五九・六万台に過ぎない。こういうことからみれば、マレーシアはタイとインドネシアと並んで、ASEANの三大自動車生産国の一つではあるものの、自動車産業の集積度と国際競争力がタイとインドネシアより弱いといわざるを得ない。

ASEANでは、この自動車産業の三大集積地域の他、フィリピンも一九六〇年代から、ベトナムも近年から、自動車産業の育成に取り組んでおり、一定の集積があるものの、そのいずれも集積の厚みがみられていない。二〇一二年にはフィリピンの自動車生産台数はわずか、七・五万台、ベトナムは七・四万台に過ぎず、それぞれ、同時期のASEAN全体（タイ、インドネシア、マレーシア、フィリピン、ベトナムの合計：四二四万台）の一・八％しか占めていない〔日本貿易振興機構二〇一五〕。しかし、自動車産業はＡＳＥＡＮの工業化を支えるリーディング・インダストリーとして、依然として重要な役割を担っており、今後、経済統合による単一市場が形成する中で、ＡＳＥＡＮ域内での産業再編成が出来れば、更なる発展が期待できると見込まれており、二〇一四年の生産台数は四〇〇万台強という、中国（二三七二万台）、アメリカ（一一六六万台）、日本（九七七万台）、韓国（四五二万台）に次ぎ、世界第五位を誇る生産規模になっていることからみれば、ＡＳＥＡＮは世界では無視できない存在であるといわざるを得ない。

3　ＡＳＥＡＮの工業化と「東アジアトライアングル」の台頭

(一)　ＡＳＥＡＮ輸出構造の変化

ＡＳＥＡＮは一九七〇年代初頭から現在までの四〇年間もの工業化を経て、巨大な産業集積地域が形成されただけでなく、世界への輸出も拡大し、輸出構造も高度化しつつある。

ＡＳＥＡＮの世界に対する輸出額は一九九〇年の八六三・六億ドルから、二〇〇〇年の二六七四・二億ドル、二〇一四年の一兆二五七七・八億ドルまでに、二四年間で一三・五倍増加し、二〇一四年の対世界輸出額は世界輸出総額（一八兆七四六一・五億ドル）の六・七％、東アジア輸出総額（五兆一六三四・九億ドル）の二四・四％を占めている。(8)

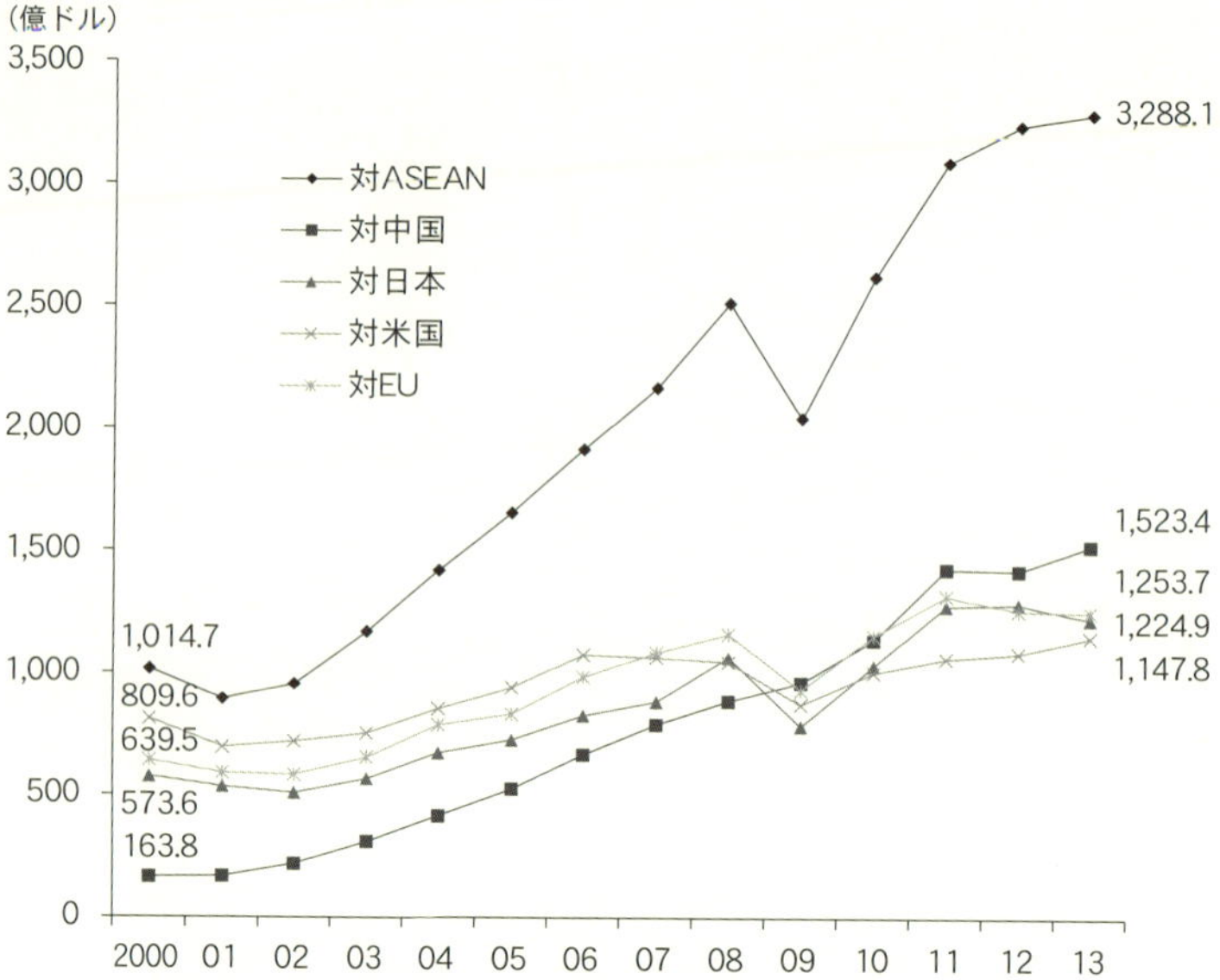

図２-２　ASEAN対世界主要市場輸出額の推移

出所：JETRO調査部アジア大洋州課のデータベースより作成.

⑴　輸出相手国・地域の構造変化

ＡＳＥＡＮの主な輸出先についてみると、**図２-２**のとおり、その最大かつ急速に伸びている輸出先はＡＳＥＡＮ域内である。確かに一九七六年に採択された「ＡＳＥＡＮ協和宣言」でＡＳＥＡＮ共同体の創設構想を提起して以来、様々の政策努力を続けて、産業政策や経済分野の協力を具体化・強化された結果、域内の貿易は二〇〇〇年の一〇一四・七億ドルから二〇一三年の三二八八・一億ドルへと、三・二倍拡大した。それは四〇年間にわたるＡＳＥＡＮ経済協力の最大効果といえよう。

域内輸出に次いで急速に伸びてきたのは中国である。第四章で述べたよう

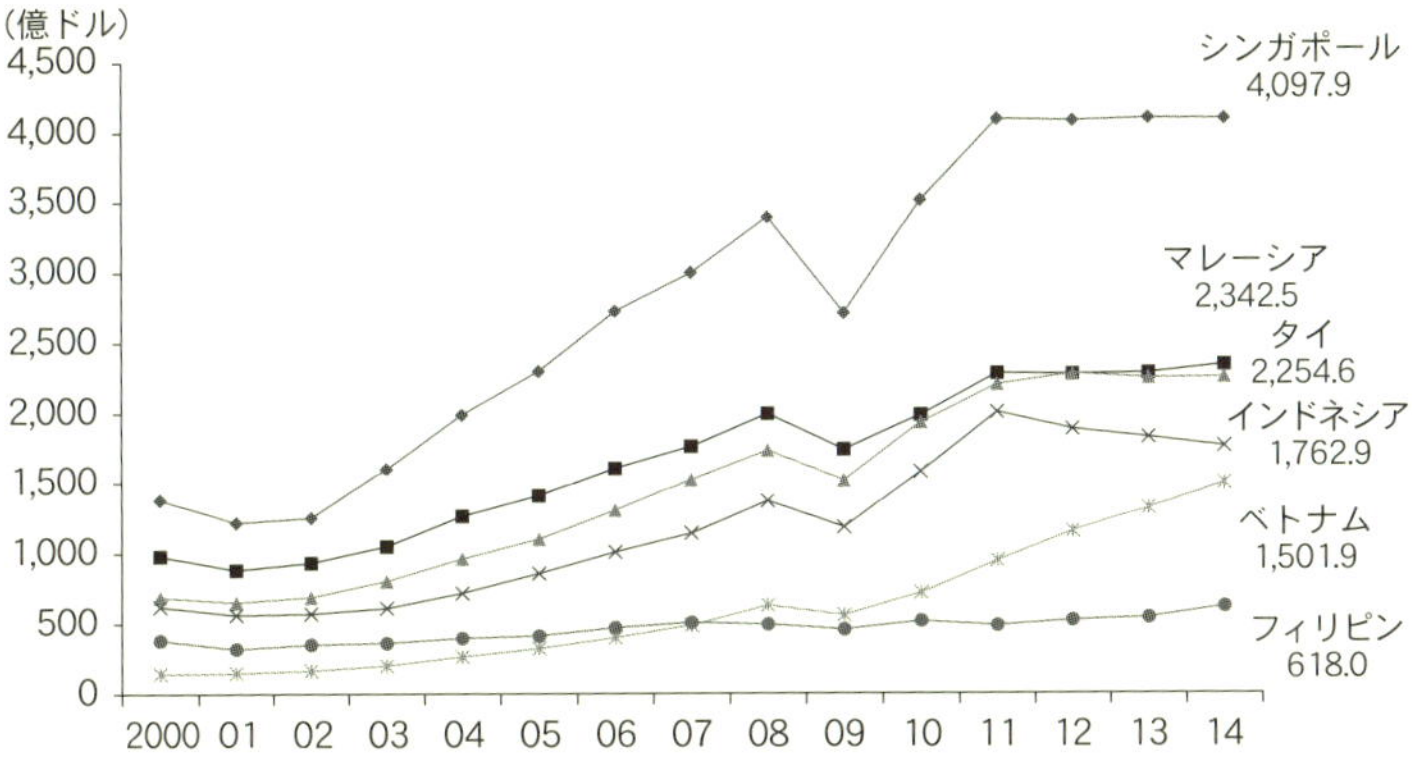

図2-3　ASEAN6対世界輸出額の推移

出所：IMF, *Direction of Trade Statistics* と『ジェトロ世界貿易投資報告2015』より作成.

に、二〇〇二年に「中国・ASEAN間の包括的な経済協力に関する枠組み合意」が調印されて以降、アーリーハーベストの実行などにより、対中輸出は二〇〇〇年の一六三・八億ドルから二〇一三年の一四二一・六億ドルへと八・七倍増を果たした。その輸出品目も一次産品だけでなく、工業製品の輸出も増加し続け、相互依存関係も深まっている。

中国への輸出が急増しているのに対し、対日米欧の輸出増加は鈍化しつつある。とくに対米輸出は二〇〇〇年の一〇八二・七億ドルから二〇一三年の一〇八二・七へと、わずか三三・七％増にとどまった。このことは、アメリカはアブソーバーとして、世界経済への牽引力が衰えたことを反映している。

(2) 国別の輸出構造

ASEANの国別輸出額の推移は**図2-3**のとおり、二〇一四年にはシンガポールは四〇九七・九億ドルで最

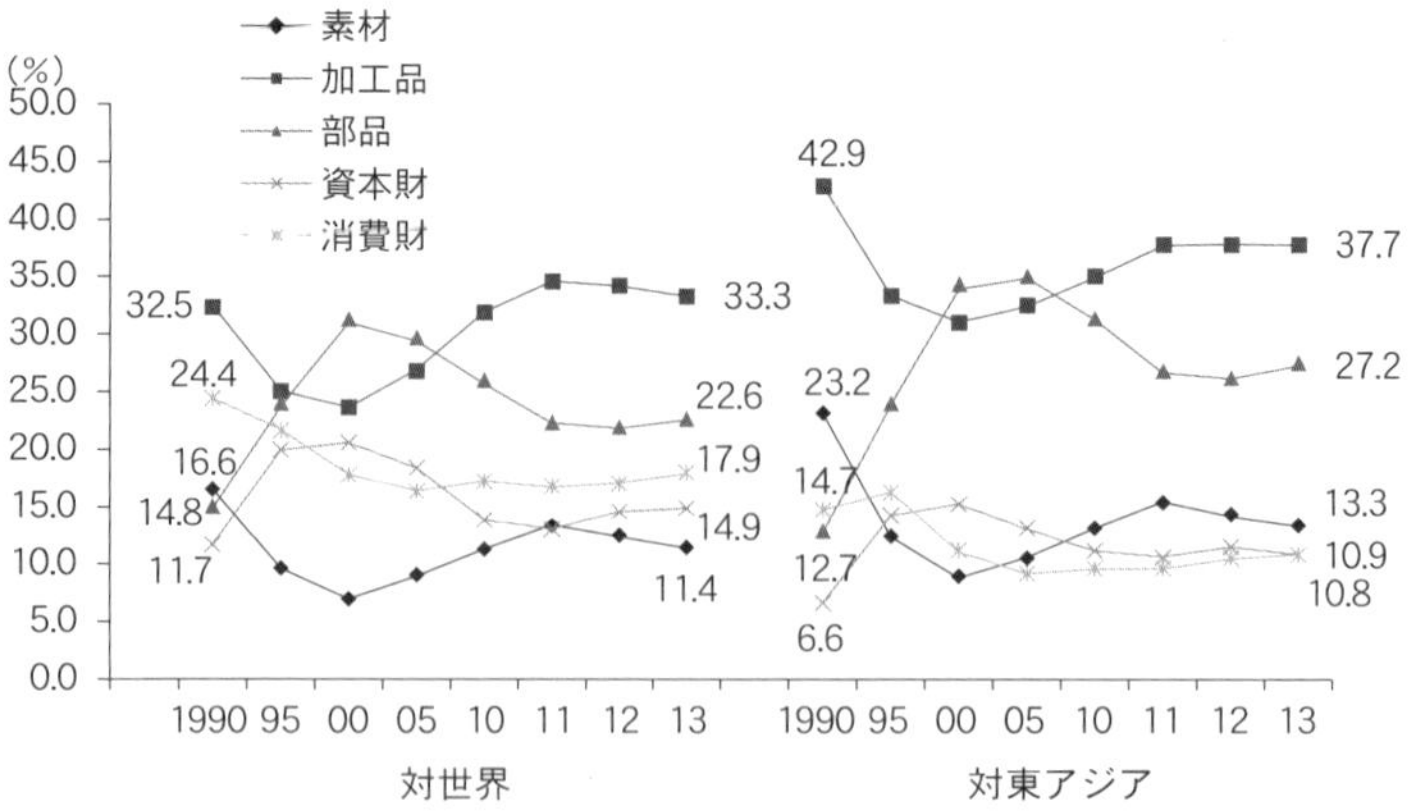

図2-4　ASEAN対世界・東アジアの輸出構造

出所："RIETI-TID2013"（http://www.rieti-tid.com/trade.php, 2015年12月28日閲覧）より作成.

も多く、それ以下、マレーシア、タイ、インドネシア、ベトナム、フィリピンの順となっているが、その中で最も顕著な変化としては、ベトナムの対世界輸出は、二〇〇八年にはフィリピンを抜いて、二〇〇九年から急増し始め、二〇一四年にはASEAN先発国としてのインドネシアに迫っているということである。

(3) 生産段階別の輸出構造

次にASEANの輸出構造についてみると、**図2-4**のとおり、対世界も対東アジアも第一位の輸出品目は加工品であり、輸出全体に占める比率は三割以上となっている。また、一九九〇年から部品の輸出比率は急上昇して、二〇〇〇年以降、低下しているものの、対世界は二二・六%、対東アジアは二七・二%という高い輸出比率を維持しており、加工品と部品を合わせた中間財の輸出比率は対世界で五五・九%、対東アジアで六四・九%という圧倒的なシェアを占めており、ASEANの輸出構造

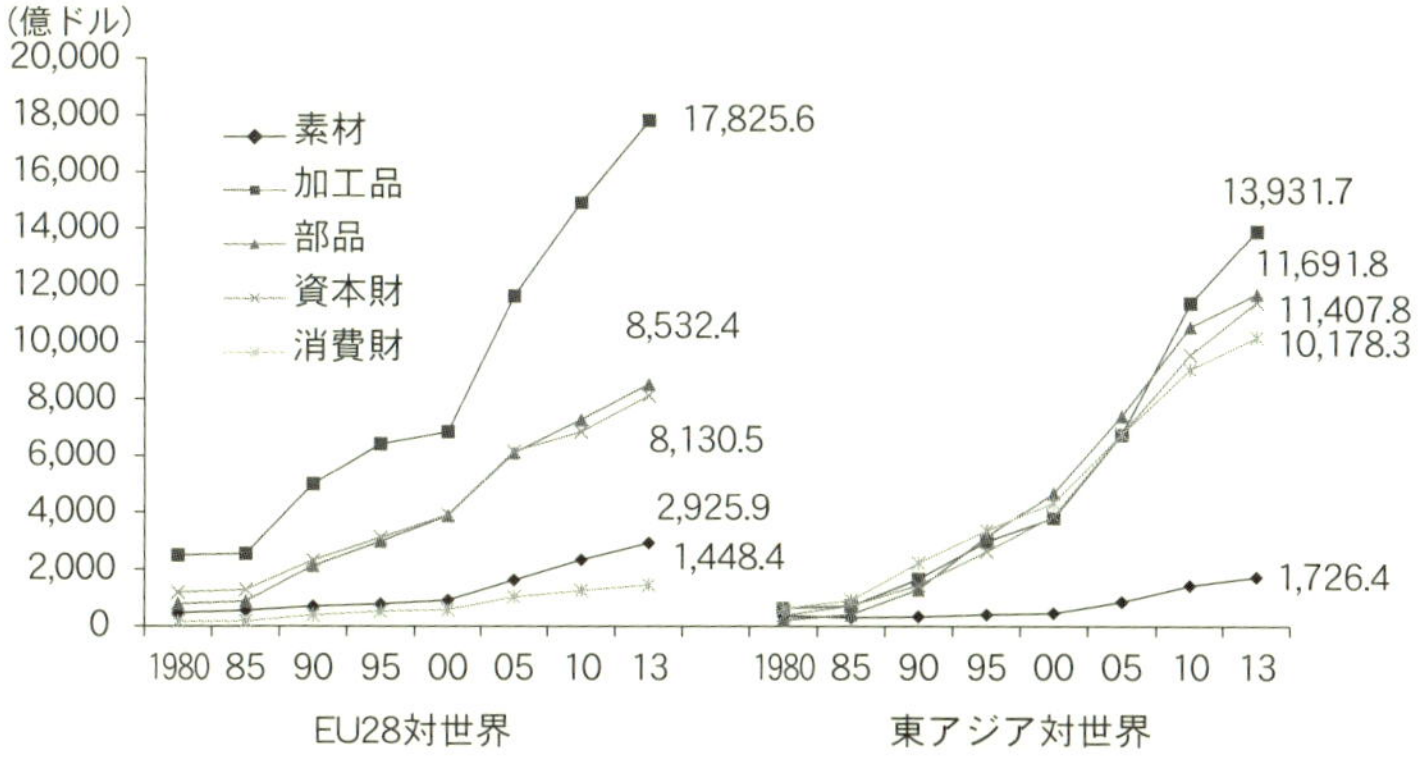

図２-５　東アジアと EU28 の対世界生産段階別輸出額の推移

出所："RIETI-TID2013"（http://www.rieti-tid.com/trade.php）より作成．

は中間財へと高度化しつつあるといえよう。

（二）中間財・資本財の生産拠点になりつつある東アジア

このようなＡＳＥＡＮの輸出構造は東アジアの輸出構造に変化をもたらしている。従来、この東アジアの貿易構造は「高度化する三角貿易」と呼ばれ、その生産面での補完性が強調された。(9) その内容は日本・アジアＮＩＥＳは中国・ＡＳＥＡＮに中間財を供給し、中国・ＡＳＥＡＮは欧米に最終消費財を輸出することを指している。しかし、二〇〇〇年以降、付加価値貿易において、この三角貿易の構造は大きく変容されている。それはＥＵ２８の輸出構造と比較すれば、以下のとおりである。

東アジアとＥＵ２８の対世界生産段階別の輸出額は**図２-５**に示されているように、東アジアの対世界輸出においては、二〇一三年に最終消費財の輸出額は一兆一七八億ドルでＥＵ２８の一四四八・四を大幅に

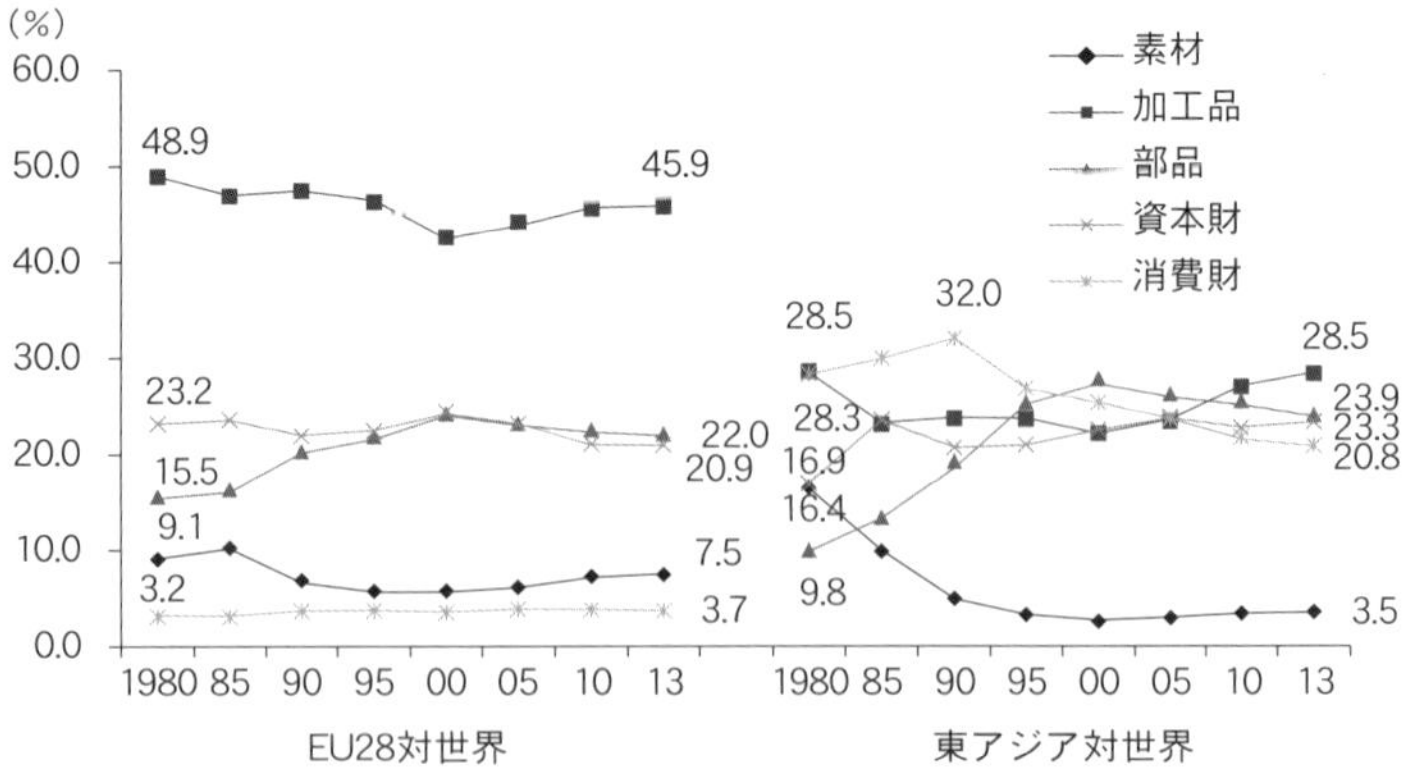

図2-6　東アジアとEU28対世界生産段階別輸出構成比の推移

出所："RIETI-TID2013"（http://www.rieti-tid.com/trade.php）より作成.

上回っている。また、同年の東アジア加工品の輸出額（一兆三九三一・七億ドル）はEU28（一兆七八二五・六億ドル）には及ばないが、部品の輸出額（一兆一六九一・八億ドル）はEU28（八五三二・四億ドル）を上回っている。加工品と部品を合わせた中間財の輸出額（二兆五六二一四億ドル）は、EU28（二兆六三五八億ドル）に肩を並べて、世界中間財輸出額の三二・二%を占めている。さらに資本財の輸出に関しては、EU28（八一三〇・五億ドル）を上回って、一兆一四〇七・八に達している。[10]

図2-6はEU28、東アジアの対世界輸出構造を示すものであるが、まず、EU28の対世界輸出構造についてみると、その特徴は①一九八〇年から二〇一三年にかけての三三年間、対世界輸出構造は大きな変化がみられていないこと、②対世界輸出において、加工品の輸出は四〇%以上のシェアを占めているのに対し、最終消費財の輸出比率は三%台で極端に低いことなどが指

摘できる。

それに対して、東アジアの輸出構造についてみると、**図2-6**に示されているように一九八〇年代に、東アジア対世界の最終消費財の輸出比率は第一位であり、ピークの一九九〇年には三一・〇%に上った。しかし、それ以降、低下し続けて、二〇一三年には第四位の二一・六%に転落した。これに対し、加工品の輸出比率は二八・五%で第一位、それに部品の輸出比率を加えると、五二・四%となっている。とくに一九九〇年代に入ってから日本、韓国、台湾の東アジア域内への直接投資の急増を反映して、部品の世界への輸出比率は一九八〇年の九・八%から二〇一三年の二三・九%へと急増した。

(三) 域内工程間国際分業の進化

EUの地域統合は域内貿易の拡大をもたらしたのは紛れもない事実である。EU28の域内貿易は、一九八〇年の四八六七億ドルから二〇〇〇年の一兆三九九四億ドルへと増加し、年平均成長率が五・四%であるのに対し、二〇〇〇―一三年の年平均成長率は六・六%へと加速し、二〇一三年には三兆二一〇七億ドルに達した。[11] しかし、**図2-6**に示されているように、域内の財別輸出構造には大きな変化がみられないことからみれば、EUの地域統合は域内工程間国際分業への寄与が限定されているといわざるを得ない。その代わり、最終消費財の輸出は二八・六%という高いシェアを占めていることは域内において、最終消費財の貿易が盛んだということを反映している。

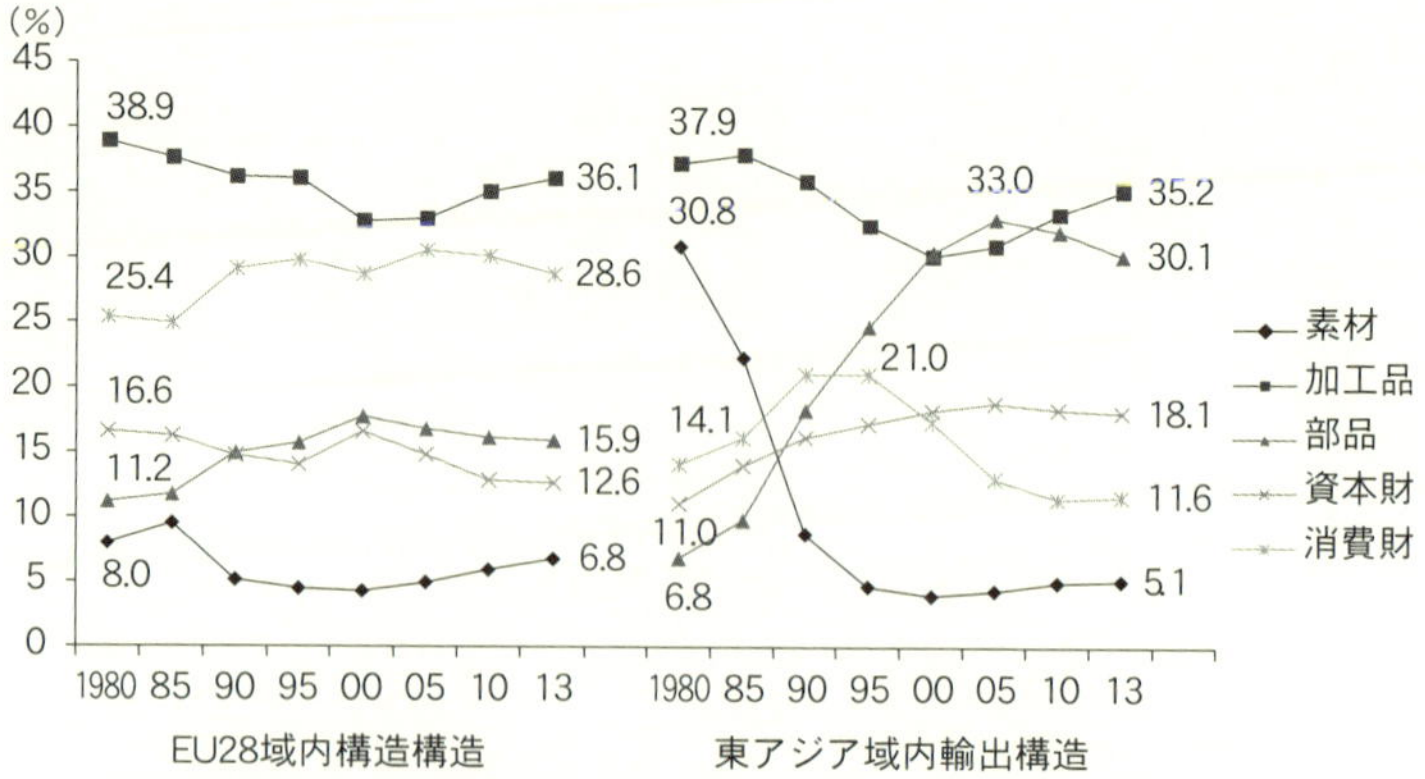

図 2 - 7　東アジアと EU28 対域内輸出構造の比較

出所：“RIETI-TID2013”（http://www.rieti-tid.com/trade.php）より作成.

東アジアの域内貿易構造についてみると、二〇〇〇年から二〇一三年にかけて、域内向けの最終消費財の輸出額は一三九〇億ドルから二七四三億ドルへと九七・三％増に対し、中間財（加工品と部品）の輸出額は三五七四億ドルから一兆五四九六億ドルへと三・三倍増となり、その内、加工品は二〇三〇億ドルから八三四六億ドルへと三・一倍増加した。

その結果、**図2-7**に示されているように、最終消費財の輸出比率はピーク時の一九九五年の二一・〇％から二〇一三年の一一・六％に低下したのに対し、中間財の輸出比率（加工品と部品の合計）は一九八〇年の四四・七％から二〇一三年の六五・三％へと上昇した。とくに東アジア生産ネットワークの進展を反映して、部品の対域内輸出比率は一九八〇年の六・八％から二〇一三年の三〇・一％まで急上昇した。

この域内向けの部品輸出に関しては、一九八〇年からの中国の対外開放の拡大、一九八五年プラザ合意以降の円高による日本企業の対外直接投資の急増などにより、東アジア域内における部品の輸出比率は一九八〇年の六・八％から一九九〇年の一八・八％、二〇〇五年の三〇・〇％へと急拡大し、同時期のＥＵの一六・八％を遥かに上回っている。このことは一九八〇年代以降、ＥＵ経済圏と比較して、東アジア経済圏においては工程間国際分業が深化し、いわゆる国際価値連鎖における経済連結性が強まり、それによる付加価値貿易はＥＵ経済圏より発達していることを表している。

また、消費財と資本財を合わせた最終財の輸出比率に関しては、ＥＵ２８の域内向けの消費財輸出比率が二八・六％に対し、東アジアの域内向けの消費財輸出比率はピークの一九九五年の二一・〇％から二〇一三年の一一・六％に低下し、かえって、資本財の輸出比率は一九八〇年の一一・〇％から二〇〇〇年の一八・二％、二〇一三年の一八・一％へと緩やかではあるが、上昇し続けてきた。この域内向けの資本財輸出比率の上昇は主に中国の資本財輸出の急拡大が寄与していたが、東アジアの生産構造は消費財から資本財へと高度化しつつあることを表している。このような域内国際分業ネットワークの高度化は貿易の拡大をもたらしただけでなく、東アジアの高い経済発展を支える構造的基盤を形成していることを示している。

4　生産ネットワークの一層拡大を目指すアジア総合開発計画

(一) アジア総合開発計画（CADP）[12]

アジア総合開発計画（Comprehensive Asia Development Plan：CADP）は東アジア・ASEAN経済研究センター（ERIA）が二〇一〇年の第五回東アジアサミットに提出した東アジア生産ネットワークの再構築に関する報告書である。その理論的枠組みはフラグメンテーション理論や新地理経済学に依拠しているが、その基本的な考え方は、各国の異なる経済発展段階を利用している東アジア生産ネットワークでは、生産要素集約度の異なる生産工程を最適地に分散すれば、全体としては、生産効率の向上をもたらすことになるが、それを実現するためには、①近隣諸国間には経済発展段階の差が存在すること、②アクセスビリティの改善によりサービス・リンク・コストを削減することという二つの条件が必要である。

現在の東アジア、あるいはASEANでは各国間に経済発展段階の格差があるため、この生産ネットワークを構築するために第一条件を備えているが、分散されている生産集積地域を結びつけるために、関税の削減、貿易と投資の自由化・円滑化、物流インフラの整備により、アクセスビリティの改善により、サービス・リンク・コストを削減し、より多くの低開発国を東アジア生産ネットワークに組み入れる必要がある。

このような考え方に基づいて、このCADPでは、東アジア諸国を、①すでに生産ネットワークを活用している地域、②足の速い生産ネットワークへの参加方法を模索すべき地域、③都市部から離れており、すぐにはジャスト・イン・タイム方式の生産ネットワーク構築が難しいものの、信頼性の高いロジスティックリンクにより、新しい産業発展を目指すべき地域など、三段階の地域に分類している。

第一段階に分類している地域は集積ができているバンコクやクアラルンプールと集積には問題があるジャカルタとマニラが含まれている。

第二段階に分類している地域はカンボジア、ラオス、ミャンマーなどが含まれているが、これらの国を生産ネットワークに組み入れるために、サービス・リンク・コストを改善する必要がある。

第三段階に分類している地域は東インドネシア、フィリピン南部、メコン川上流の山奥など、開発が難しい、物流インフラの整備により、産業発展が見込める地域を想定している。

この開発計画ではメコン地域の「東西経済回廊」、「南北経済回廊」、「メコン・インド経済回廊」の開発を中心に、高速道路と橋梁の建設、港湾・空港開発、工業団地整備、発電所建設、送電網整備など、六〇〇件のインフラ開発プロジェクトを整理した上で、これらのプロジェクトの周辺地域への開発効果の分析、分類作業・優先順位付けを進めている。その中で、とくに重点プロジェクトとして、メコン・インド経済回廊におけるカンボジアのネアックルン橋梁の建設、ミャンマーのダウェー深水港と工業団地の開発、ダウェーからカンチャナブリを結ぶ道路の開発を取り上げている。

（二）生産ネットワークの拡大とＡＳＥＡＮの将来

近年、中国の人件費上昇及び産業構造調整政策の実施により、中国にある多くの労働集約型産業は海外移転に迫られている。その望ましい移転先はＡＳＥＡＮの後発国としてのＣＬＭであるが、将来、インド、バングラデシュも視野に入れている。現地の安い人件費を考えると、東アジア生産ネットワークを一層拡大する絶好のチャンスといえよう。

しかし、それらの国では貿易投資の自由化・円滑化のための制度整備が遅れているだけでなく、電力供給、道路、港湾などのインフラ整備も大幅に遅れており、生産ネットワークのさらなる拡大を阻害するネックになっている。従来、ＡＳＥＡＮの物理的連結性を強化するためのドナーは主にアジア開発銀行（ＡＤＢ）に依存していったが、それだけでは不十分である。こういう意味では、ＡＩＩＢはアジアインフラ開発のための新たなドナーとして、大きく期待できるであろう。

むすびにかえて

ＡＳＥＡＮの工業化は一九六〇年代半ばにシンガポールから始まり、その後、タイ、マレーシア、インドネシアも工業化の軌道に乗り出して、現在ベトナム、カンボジア、ライス、ミャンマーに広がりつつある。現在、ＡＳＥＡＮ域内にはタイ、インドネシア、マレーシアを中心とする自動車産業集積地域、マレーシア、ベトナム、フィリピンを中心とするエレクトロニクス産業集積地域が形成されている。その中で、マレーシアではエレクトロニクス産業集積の高付加価値化が進んでおり、タイではバンコクを中心とする自動車産業のサプライチェーンは周辺のラオス、カンボジアに広がりつつあり、ＡＳＥＡＮ産業集積は一段とレベルアップしつつある。

しかし、ＡＳＥＡＮ各国における工業化の歴史が違うので、現在、工業化の水準には大きな格差が存在するのは事実である。その中で、シンガポールは先進国の仲間入りを果たしているが、タイ、マレーシア、インドネシア、ベトナムは新興国として脚光を浴びており、ラオス、カンボジア、ミャンマーなどは途上国の段階にとどまっている。

域内諸国には大きな経済格差があるのは地域経済統合にとって、阻害要因とはなっているものの、各国の経済発展段階の格差を利用して形成された東アジア生産ネットワークの構造からみれば、各国経済の異質性は東アジア生産ネットワークのＡＳＥＡＮへの拡大に有利な条件にもなるといえよう。こういう意味では、各国の物理的連結性を強化するためのアジア総合開発計画は将来、東アジア生産ネットワークの一層拡大には欠かせないものである。

最近、ＡＳＥＡＮにおいては、南シナ海問題による中国とＡＳＥＡＮとの関係変化、タイの政情不安によるメコン川地域開発の停滞など、地域統合に影を落とすマイナス要因が漂っているが、対話による国際紛争の解決を経験してきたＡＳＥＡＮの歴史からみれば、これらの問題は解決するであろうと期待できる。将来のＡＳＥＡＮにとって、重要な課題としては、経済の持続的成長を維持するために、大国間の対立を避けて、地場産業の育成、産業構造の高度化・高付加価値化をいかに推進するかということであろう。

注

（1）中国とＡＳＥＡＮを新興中進国群という用語ではじめて提起したのは東京大学の末廣昭である。その詳細に関しては、末廣［二〇一〇］を参照されたい。

（2）ここでいう東アジアは日本、中国、韓国、台湾、香港、シンガポール、マレーシア、タイ、インドネシア、ベトナム、フィリピンを含む。

（3）『ジェトロ世界貿易投資報告二〇一四』ＪＥＴＲＯ、七頁。

（4）「アジア化するアジア」の概念を最初に提起したのは一九九九年の渡辺［一九九九］であるが、その後、青木健、末廣昭などはその実証研究を行った。その詳細に関しては、末廣［二〇一〇］を参照されたい。

（5）ＪＥＴＲＯホームページ（http：//www.jetro.go.jp/world/asia/vn/stat_03.html, 二〇一五年一二月二八日閲覧）。

（6）ＡＳＥＡＮ自動車産業の歴史に関しては、中小企業金融公庫調査部編［一九八九］を参照されたい。

（7）ＨＩＣＯＭは一九八〇年に政府出資の公営企業として設立され、外国資本との合弁会社の設立により、マレーシアの重工業化プロジェクトを推進していた［中小企業金融公庫調査部編 一九八九：七九］。

（8）一九九〇年と二〇〇〇年の輸出額はシンガポール、マレーシア、タイ、インドネシアの四カ国合計、二〇一四年はこの四カ国にベトナム、フィリピンを加えた六カ国合計である（『ジェトロ世界貿易投資報告』各年版）。

（9）東アジアの「高度化する三角貿易」に関しては、「東アジアの成長を支える貿易構造――高度化する三角貿易――」（経済産業省『通商白書二〇〇五』所収）を参照されたい。

（10）"RIETI-TID 2013"（http://www.rieti-tid.com/trade.php）により試算。

（11）"RIETI-TID 2013"（http://www.rieti-tid.com/trade.php）により試算。

（12）「アジア総合開発計画」に関しては、木村［二〇一〇］、梅崎［二〇一〇］、西村［二〇一一］を参照されたい。

第3章

ＡＩＩＢとＡＳＥＡＮ金融協力

はじめに

ＡＳＥＡＮでは物品貿易の自由化と比べ、金融市場の統合と自由化は見劣りしている。そのために域内金融協力及び資本市場の整備はＡＳＥＡＮ経済共同体の重要な内容であるが、顕著な進展がみられていない。ＡＳＥＡＮでは地域金融統合を強化する必要性を認識するきっかけは、一九九七年の「アジア通貨・金融危機」であった。しかし、ＡＳＥＡＮ自身の金融力が弱いこと、アジア通貨・金融危機が東アジア全域に広がったことなどにより、ＡＳＥＡＮ域内通貨制度の改革及び金融協力システムの構築はＡＳＥＡＮだけでなく、中日韓との共同歩調で、「ＡＳＥＡＮ＋３」という形で進められた部分が多い。「アジアインフラ投資銀行」（ＡＩＩＢ）はまさにその成果の一つである。

ＡＩＩＢ設立構想は二〇一三年一〇月に中国の習近平国家主席がＡＰＥＣ首脳会議と東アジアサミットに参加した際、初めて提起したものである。当初の参加国は中国とＡＳＥＡＮ諸国だけを想定していたが、二〇一五年になると、参加国は欧州の先進国を含め、五七カ国となり、二〇一五年末に設立し、二〇一六年一月一六日に設立総会の開催に漕ぎ着けた(1)。

中国主導のＡＩＩＢは世界から注目を集めているが、その認識はほとんど、中国の現在の世界金融秩序への挑戦として受け止めている。しかし、その深い背景には「北東アジア開発銀行」（ＮＡＡＤＢ）や「アジア通貨基金」（ＡＭＦ）などの構想が挫折したこともあり、東アジアでは金融協力と資本市場の整備が出遅れていることもある。こうした中で、中国における資金力の増強と金融市場の拡大も重要な要因ともなっている。ＡＩＩＢはむしろ、これらの挫折及び金融資本市場の未発達により、日本主導の東アジア金融資本市場への期待はずれから生まれたのである。

したがって、本章では、なぜ中国主導のＡＩＩＢが可能となったのか、このＡＩＩＢの設立によって、ＡＳＥＡＮ及び東アジアの地域金融・資本市場の整備にはどのような影響を及ぼすのかという問題意識で、東アジア金融資本市場整備の現状と課題、二〇〇〇年以降、中国金融業の発展及び開発金融の進展などの面から、ＡＩＩＢ設立の背景、中国とＡＳＥＡＮの金融協力及び東アジア金融・資本市場の将来を展望したい。

１　東アジア金融資本市場整備の出遅れと金融協力の課題

（一）アジア通貨基金（ＡＭＦ）の挫折と東アジア金融協力の停滞

一九九七年にタイに端を発し、東アジア経済に甚大な打撃を与えた「アジア通貨・金融危機」は東アジア金融協力のきっかけであり、ＡＩＩＢ設立の遠因でもあった。

アジア通貨危機の原因は、「通貨のミスマッチ」と「期間のミスマッチ」、いわゆる「ダブルミスマッチ」にあるとされている。この「ダブルミスマッチ」とは、アジアにおけるインフラ整備の資金需要は主に自国通貨（通貨）・長期（期間）の借入を中心としているのに対し、その資金調達には日米欧などの先進国金融機関から「外貨」（通貨）・「短期」（期間）の借入に過度に依存していることを指摘されている。それゆえ、金融危機が発生する場合、各国は海外から継続的な資金調達が難しくなるだけでなく、外貨建ての借入は自国通貨の大幅安により、当該借入を有する企業・銀行のバランスシート上で、自国通貨換算の借入金額を増加させ、財務状況を悪化させることになる。

とくに金融危機発生後、ＩＭＦの支援を受けたタイ、インドネシア、韓国、ロシアの経済混乱により、各国の政府と研究者はＩＭＦへの批判が高まり、危機の再発と周辺国への伝播を防止するための地域金融協力の必要性を主張する声が強まった。このことは東アジア域内での金融協力の気運につながった。こうした中で生まれた構想は日本を基軸とする「アジア通貨基金」（ＡＭＦ）であったが、このＡＭＦ構想はアメリカの激しい反発で頓挫した。

ＡＭＦの代わりに誕生したのは、日本の主導で立ち上げられた「チェンマイ・イニシアチブ」（ＣＭＩ）である。このＣＭＩは二国間通貨スワップ取極のネットワークの構築に関する協定であるが、一九九九年一一月に開催された「第三回ＡＳＥＡＮ＋３首脳会議」で提起され、二〇〇〇年五月にタイのチェンマイで開催された「第二回ＡＳＥＡＮ＋３財務大臣会合」で合意したものである。二〇〇三年末までに東アジア八カ国（日本、中国、韓国、インドネシア、マレーシア、フィリピン、シンガポール、タイ）で、通貨スワップ協定及びレポ協定[2]が締結された。

ＣＭＩは危機の再発防止のための短期的な流動性の提供と既存の国際的枠組みの補完を目的として、緊急時に資金の相互融通による流動性を提供する協定に過ぎない。二〇〇九年には二国間協定から多国間協定（ＣＭＩのマルチ化）に合意し、二〇一二年に資金枠を二四〇〇億ドルに倍増した。さらにＩＭＦとは関係なく使える融資枠（ＩＭＦデリンク）を全体の二〇％から三〇％へと拡大した［江崎二〇一四］。

しかし、発動要件に当たって、ＩＭＦの融資とのリンクが条件とされているため[3]、この枠組みだけでは依然として、「アジア通貨・金融危機」と同規模のような危機への対応が難しいこと、東アジア諸国はアジア通貨危機時のＩＭＦの対応への抵抗感を持っていること、発動のハードルも高いことなどにより、創設後に実際に発動されたことはなく、その役割を果たしたとはいえない［赤羽二〇一三］。

以上のことからみれば、「アジア通貨・金融危機」以降、日本に主導されていたＡＭＦは頓挫し、ＣＭＩもある程度の成果をあげたが、完全に機能したとはいえず、東アジアの金融協力は発展途上段階にあるといわざるを得ない。このことはＡＩＩＢ設立の背景の一つにもなっており、今後、ＡＩＩＢの東アジア金融協力への貢献が期待されるであろう。

（二）アジア債券市場育成イニシアチブ（ＡＢＭＩ）と金融資本市場整備の課題

こうした東アジア金融協力が停滞している中で、東アジアでは将来、金融危機の再発を防止し、域内におけるインフラ整備への膨大な資金需要を満たすために、アジア金融資本市場の整備に目を向けるようになった。

東アジア金融市場の最大な問題は間接金融を中心としており、直接金融市場が発達していないため、域内の膨大な貯蓄は域内投資に有効活用されていないだけでなく、この地域における緊密な貿易投資関係と比べ、地域の金融協力が遅れていることである。これらの問題点は一九九七年の「アジア通貨・金融危機」により、一気に表面化されており、域外からの資本移動に影響を受けやすい商業銀行を中心とするアジア金融システムの脆弱性が幅広く認識されるようになった。これらの問題を解決するための対処策はアジア債券市場育成イニシアチブ（Asia Bond Market Initiative：ABMI）である。

ＡＢＭＩは二〇〇三年にフィリピンのマニラで開催された第六回ＡＳＥＡＮ＋３財務大臣会議で各国財務大臣に合意されたものであり、その目的は、第一に現地建て債券市場の発展を促進し、域内の豊富な貯蓄を域内の投資需要のファイナンスに有効的に活用すること、第二に効率的で流動性の高い債券市場を育成することにより、域内金融市場の変動による影響を軽減すること、第三に域内金融と経済の安定を維持することなどであった。

現在のアジアではこのＡＢＭＩを中心に将来に向けた望ましい金融資本市場の整備を目指して、次の三つの目標を掲げている。

⑴ 直接金融の拡大による効率的な金融市場の構築

アジアの持続的な経済成長を支えるのにふさわしい、商業銀行を中心とする金融システムをベースとしつつも、直接金融市場（株式・社債等）の発展も見込める、長期資金の円滑な供給等や十分な市場流動性を確保し、利用者・参加者が安定的に資金調達できる効率的な市場を構築することである。

⑵ 流動性を保つ強靭な市場

過去の教訓を十分に踏まえ、域外発の世界的な金融危機に見舞われたとしても、市場の流動性を十分に保ち、世界の成長センターとしてのアジアをファイナンス面から安定的に支え続けることが可能な強靭な市場を構築することである。

(3) 公平性のある市場

外資を含め、利用者・参加者の行動やイノベーションの発揮を阻害しない、規制・ルールが緩やかでイコール・フッティングが確保された市場を構築することなどである。(4)

ABMIは創設してから、アジアにとって望ましい金融資本市場の整備に向けて、二〇〇八年五月に第二期ロードマップ(「新ロードマップ」)の採用、二〇一〇年九月にASEAN+3債券市場フォーラム(Asia Bond Market Forum：ABMF)の設置、同年一一月にABMIの下に信用保証・投資ファシリティ(Credit Guarantee and Investment Facility：CGIF)の設置、二〇一二年四月にABMFの第一フェーズの成果として「ASEAN+3債券市場ガイド」の公表など、着実に活動を展開している。

従来の「新ロードマップ」では①現地通貨建て債券発行の促進、②現地通貨建て債券の需要の促進、③規制枠組みの改善、④債券市場関連インフラの改善など、四つのタスク・フォースを設置して、アジア債券市場整備に向けた優先課題の議論と選定を行ってきたが、二〇一二年五月から「新ロードマップ」を改定し、「新ロードマップ・プラス」をスタートさせた。この「新ロードマップ・プラス」では、従来の「新ロードマップ」を引き継いだ上で、「フォローアップ課題」、「追加的課題」、「関連課題」という三つの「基本的な方向性」に分類され、優先度の見直しや新規課題の追加のための定期的な見直しを受けることになった(表3-1参照)〔秋山二〇一三：一一〕。

また、ABMIがアジア債券市場育成の国際的取組みを続ける一方、APECの公式民間諮問機関

表3-1　新ロードマップ・プラスの基本的な方向性

課　　題	方向性
<TF1> 現地通貨建て債券の発行の促進（議長国：中国，タイ）	
信用保証・投資ファシリティ（CGIF）の保証業務の開始	フォローアップ課題①
インフラ・ファイナンス・スキームの育成ーラオス・タイのパイロット・プロジェクトを含む	フォローアップ課題②
デリバティブ・スワップ市場の整備	－
<TF2> 現地通貨建て債券の需要の促進（議長国：日本，シンガポール）	
国債市場の更なる発展ーレポ市場及び証券貸借市場の整備	追加的課題①
機関投資家向けの投資環境の整備及びABMI情報の共有	フォローアップ課題③
クロスボーダー債券取引の促進	－
<TF3> 規制枠組みの改善（議長国：マレーシア，日本）	
ASEAN+3債券市場フォーラム（ABMF）の活動の強化 - 債券共通発行プログラム	フォローアップ課題④
消費者や中小企業（SMEs）の金融アクセスの強化	追加的課題②
債券取引に係る破産手続の改善	－
<TF4> 債券市場関連インフラの改善（議長国：韓国，フィリピン）	
域内決済機関（RSI）の設立に向けた取組みの促進	フォローアップ課題⑤
地域格付けシステムの基盤の強化	追加的課題③
金融知識教育の向上	関連課題①
<TACT> 技術協力調整チーム（議長国：ブルネイ，ラオス，ベトナム）	
債券市場育成における当局の能力強化に向け，ASEANメンバー国への技術協力の促進	－

注：TFはタスク・フォースのことである.
出所：財務省.

であるＡＰＥＣビジネス諮問委員会（ＡＢＡＣ）の下では、域内金融・資本市場発展のための国際的枠組みである、アジア太平洋金融フォーラム（Asia Pacific Financial Forum：APFF）の設立計画が始動している。

同計画は、二〇一二年三月開催のＡＢＡＣ主催フォーラムで提案され、二〇一二年九月にＡＰＥＣ財務大臣からの支援を得た。二〇一三年四月には設立準備のためのフォーラムがオーストラリアにて開催された［秋山 二〇一三：

一五］。

ＡＢＭＩの以上の促進活動により、アジア債券市場の整備に関しては、二〇一三年一月、タイ政府は、ＡＢＭＩとＡＥＣブループリント（ＡＳＥＡＮ経済共同体の設立のための工程表：第一章参照）に寄与するための対策として、ラオス政府がタイにてバーツ建て債券を発行する計画（予定額：一五億バーツ）の許可、二〇一三年四月、ＣＧＩＦが保証した、香港を拠点とする商社・Noble Group Limitedはタイで期間三年、総額二八・五億バーツ（一億米ドル相当）の債券の発行など、ある程度の進展がみられているが［秋山 二〇一三：一三］、その債券発行の規模も小さく、アジア債券市場の整備に対する寄与は限定的である。

将来、アジア債券市場を一層拡大するためには、債券の発行体及び投資家の増加、各国の経済発展段階の相違に応じた市場インフラと法制度の整備は依然として、数多くの課題が残されており、債券市場の整備は未だ発展途上にあり、「ダブルミスマッチ」の解決や「アジアの貯蓄を域内の投資需要のファイナンスに有効活用する」というＡＢＭＩの目標実現にはまだ程遠いといわざるを得ない。こういう意味ではＡＩＩＢは今後、債券発行の主体として、インフラ・ファイナンス・スキームの育成やアジア債券市場の発展に寄与すると期待されている。

2 ＡＳＥＡＮ金融協力の取組と緩やかな金融統合

ＡＳＥＡＮの域内金融協力は基本的に前述したＡＳＥＡＮ＋３の枠組みの下で進められてきたが、その独自の金融協力計画はＡＥＣブループリントの金融・サービスの自由化と資本移動の自由化の一環として実施されている。また、ＡＥＣブループリントの目標を実現するために、ＡＳＥＡＮ財務相会議（ASEAN Finance Ministers Meeting：AFMM）、ＡＳＥＡＮ資本市場フォーラム（ASEAN Capital Market Forum：ACMF）を通じて、ＡＳＥＡＮ資本市場の統合に継続的に取り組んでいる。以下、これらの枠組みを通じて、ＡＳＥＡＮ域内金融協力の現状と課題を考察したい。

（一）ＡＥＣにおける金融統合の取組

第一章で述べたように、ＡＳＥＡＮ経済共同体（ＡＥＣ）は「ＡＳＥＡＮ域内でのもの・サービス・投資・資本・熟練労働者の自由な移動」を目指しており、その行程表としてのＡＥＣブループリントの中で、①「単一の市場・生産拠点」、②「競争力のある経済地域」、③「公平な経済発展」、④「グローバル経済への統合」など、四つの戦略的目標を提示している。ＡＳＥＡＮ域内の金融協力と金融統合の戦略的目標は第一目標の「単一の市場・生産拠点」の中で、「金融・サービスの自由な移動」

と「資本のより自由な移動」という二項目で提起されている。

⑴ 金融・サービスの自由化措置

ＡＳＥＡＮの金融市場は各国の経済格差により発展の度合が大きく異なっている。そのため、その推進主体は他のサービス分野の交渉を担う経済産業相ではなく、財務相からなるＡＦＭＭにより推進されている。その自由化の目標に関しては、「ＡＥＣブループリント」の最終年度の二〇一五年を越えて、二〇二〇年としている。また、その自由化を推進する際、全加盟国が秩序ある金融部門の発展と金融ならびに社会的・経済的な安定を維持できるものでなければならないという前提条件の下で、①自由化施策ができた国々が先行し、他国が後から参加できる「ＡＳＥＡＮ-Ｘ」方式を採用することと、②各国の政策の目的を尊重し、それぞれの経済や金融部門の発展段階を踏まえて、推進するという二つの原則に沿って進められている。

金融・サービス自由化目標の領域は保険、銀行、資本市場、その他の四つが含まれているが、物品貿易の自由化のセンシティブリストと同じように自由化目標の例外を容認しているため、各国はそれぞれの自由化目標リストを提示したのみに止まって、共通する自由化目標項目はない。その中で、ミャンマーを除いて、シンガポール、マレーシア、タイ、インドネシア、フィリピンは金融市場の自由化をコミットしているが、残りの国は外国銀行の参入に対する保護政策により、いつ自由化するかは不明である。[5]

さらにAECブループリントでは二〇二〇年までにすべての金融サービス部門において規制を大幅に廃止するとしているが、このプロセスは「事前合意された柔軟性のリスト（list of "pre-agreed flexibilities"）と呼ばれる自由化の計画書に基づいて行われることになっており、この計画書は二〇一五年までのリスト、二〇二〇年までのリスト、二〇二〇年以降のリストと段階的に作られる。このことからみれば、ASEANは二〇二〇年においても、完全な自由化が実現しているわけではない」［清水 二〇一四：九三］。即ち、ASEAN経済統合において、金融・サービスの自由化を重要な領域としているが、物品貿易の自由化と比べ、大幅に遅れている。

(2) 資本移動の自由化措置

まず、AECブループリントの中で、資本移動の自由化及び金融資本市場の整備・統合に関しては、①債券発行ルール、開示原則、販売ルールの分野における基準の一層の調和、②市場の専門家の資格、教育、経験の相互認証に関する制度の整備と協定の締結、③証券発行に関する言語及び準拠法の柔軟性の拡大、④債券にかかわる源泉徴収課税の再考、⑤クロスボーダーでの資本調達活動を含めて、証券取引所と債券市場の連携を実現させるための市場主導の努力の促進などの面で進められている。

また、資本取引の自由化（Capital Account Libralization：CAL）に関し、金融サービスの自由化と同様、慎重に実施している。計画では、自由化にともなうリスクを回避するとともに、自由化の利益をすべての加盟国が享受すべきことが強調されている。具体的なアクションとして、直接投資の促進や資本市場発展の促進に資する自由化を実施するとしているが、すべての項目において適切かつ可能な部分を自由化することとなっており、非常に緩やかな計画であるといえよう〔清水二〇一四：九三〕。

（二）ＡＳＥＡＮ金融統合の枠組み

ＡＳＥＡＮ金融統合を推進する枠組みは、基本的にＡＳＥＡＮ財務相会議（ＡＦＭＭ）は全体の方向性を提示しており、ＡＳＥＡＮ中央銀行総裁会議によるASEAN Banking Integration Framework（ＡＢＩＦ）は金融市場の統合を、ＡＳＥＡＮ資本市場フォーラム（ＡＣＭＦ）は資本市場の統合を具体的に推進することになっている。その中でＡＣＭＦは資本市場統合に関する枠組みの具体的な実施計画を作成し、二〇〇九年のＡＳＥＡＮ財務相会議の承認を受けてはいるが、このＡＣＭＦの取組を積極的に推進しているのはマレーシア、シンガポール、タイの三カ国だけであった。

ＡＳＥＡＮ金融統合は現在では計画の段階にとどまっているが、その将来方向に関しては、最近、ＡＳＥＡＮ中央銀行総裁会議やＡＣＭＦはＡＳＥＡＮ銀行部門において、共同体創設のために、一〇年以内に「資本勘定の自由化」、「金融サービスの自由化」を実現する提案を行い、将来には「決済システムの統合」、「資本市場開発」に関するこれまでの取組を引き続き推進する姿勢を明らかにした。

以上の考察でわかるように、ＡＳＥＡＮは確かに域内の金融統合に向けて、その準備作業を進めているが、金融統合の水準からみれば、その最終目標は「銀行同盟」でも「通貨同盟」でもなく、あくまでも共通ルールをベースにした「緩やかな金融連携」に過ぎないのである〔江崎 二〇一四：九〕。

さらに二〇一一年のスコアカードによると、この「緩やかな金融連携」の進捗度はミャンマーを除いて、その他の国の達成度が非常に高い(6)と評価されてはいるものの、ASEAN金融市場の規模が小さいだけでなく、各国の金融システムは多様であり、発展段階の格差も大きいし、域内金融統合を阻害する資本取引規制も存在されていることなどを考えれば、ASEANの金融統合は明らかに実体経済の統合に遅れており、現在、模索の段階に過ぎない。今後、フィナンシャルの面で、域内のインフラ整備及び安定的な経済成長を支えるためには域外大国との協力が不可欠だといわざるを得ない。

3 中国政策性開発金融の拡大と国際金融協力

以上で述べたように、アジア通貨基金の頓挫と東アジア金融協力の停滞、アジア金融資本市場整備及びASEAN域内金融統合には実質的進展がみられない中で、二〇一三年にAIIB構想が提起され、早くも二〇一六年一月一六日に、設立総会に漕ぎ着けた。この中国主導のAIIBは中国における国家の開発金融と政策金融の海外延長であり、その背景は中国の経済成長にともなう金融資本市場の拡大と金融力の強化である。以下、中国における金融・資本市場の拡大や開発金融、政策金融の発

表３-２　東アジア諸国準通貨（M_2）発行量

（単位：10億ドル）

	1990年（A）	2000年（B）	2013年（C）	B/A	C/B	C/A
中国	120.3	1,276.6	12,061.6	10.6	9.4	100.3
日本	3,153.2	3,206.8	5,024.8	1.0	1.6	1.6
韓国	42.2	292.8	1044.5	6.9	3.6	24.7
シンガポール	32.7	96.7	239.8	3.0	2.5	7.3
タイ	36.8	124.4	392.7	3.4	3.2	10.7
マレーシア	4.3	60.0	242.2	13.8	4.0	55.9
インドネシア	6.1	58.8	257.5	9.7	4.4	42.4
フィリピン	5.8	35.7	122.3	6.1	3.4	21.0
計	3,401.5	5,151.8	19,385.4	1.5	3.8	5.7

出所：総務省統計局『世界の統計』各年版より作成.

展からＡＩＩＢ成立の背景やその可能性を紹介したい。

（一）中国における金融資本市場の急拡大

中国は三〇年もの経済成長にともなって、ＧＤＰ世界第二位の経済力を背景に、金融市場の規模も急拡大している。定期預金、貯蓄預金、国内外貨預金からなっている準通貨（M_2）についてみると、**表３-２**のとおり、一九九〇年から二〇一三年の二三年間、中国の準通貨は一二〇三億ドルから一二兆六一六億ドルへと一〇〇倍増加した。日本と比べると、一九九〇年時点では、日本の準通貨（M_2）は三兆一五三二億ドルに対し、中国は一二〇三億ドルであり、日本の三・八％に過ぎないが、二〇〇〇年時点では、日本の三九・八％に上昇し、二〇一三年には日本の二・四倍に逆転した。

この金融資本市場が拡大している中、とくに注目すべきことは銀行業の大型化と国際化である。銀行業の経営規模を示す指標としての総資産についてみると、中国銀行の総資産は二〇〇一年の二〇・八兆人民元から二〇一〇年には九六・二兆人民元、二〇一三

表3-3　世界銀行総資産ランキング

(2014年)

順位	銀　行	国	総資産額(億ドル)
1	中国工商銀行	中国	31,244.7
2	中国建設銀行	中国	25,374.0
3	BNPパリバ	フランス	24,740.8
4	中国農業銀行	中国	24,050.9
5	中国銀行	中国	22,914.9
6	ドイツ銀行	ドイツ	22,146.7
7	バークレイズ	英国	21,739.4
8	ゆうちょ銀行	日本	21,187.5
9	クレディ・アグリコル	フランス	21,122.5
10	三菱東京UFJ銀行	日本	19,481.3
11	JPモルガン・チェース	米国	19,454.7
12	ソシエテ・ジェネラル	フランス	16,977.2
13	ロイヤル・バンク・オブ・スコットランド	英国	16,889.1
14	BPCE	フランス	15,441.5
15	サンタンデール・セントラル・イスパノ銀行	スペイン	15,333.1
16	三井住友銀行	日本	15,182.7
17	バンク・オブ・アメリカ	米国	14,337.2
18	ロイズ15B	英国	14,273.9
19	ウェルズ・ファーゴ	米国	13,736.0
20	国家開発銀行	中国	13,522.1

出所：「世界の銀行ランキング」英金融業界の月刊誌『ザ・バンカー（*The Banker*）』2013年7月号.

年には一五二・四兆人民元に上った。(7) この銀行業の大規模化、国際化が進展している中で、中国では世界トップのメインバンクが誕生し、世界金融市場での「チャイナマネー」は存在感を増している。

表3-3に示されているように、二〇一四年には中国工商銀行、中国建設銀行、中国農業銀行、中国銀行など、いわゆる「中国四大銀行」のいずれも、世界銀行トップ5にランクされており、中国最大の政策銀行である「国家開発銀行」は世界第二〇位になっている。

中国の銀行業界はこのような規模の拡大にともなって、世界一流の銀行基準を目標にしながら、サービスの改善とコアコンピタンスの構築を通じて、国際競争力を高めていこうと努力している。そのために国内向けの事業を拡大すると同時に、海外支店の開設や外国銀行への買収・合併を通じて、積極的に経営の国際化を推進している。そのために中国のメインバンクは潤沢な資金を活用しながら、先進国だけでなく、新興国へのクロスボーダーM&Aを積極的に行っている。[8] その中で、とくに政策銀行としての国家開発銀行は、国家の対外政策に合わせて、外国との金融協力に積極的に取組んでいる。

(二) 中国開発金融の国際化——国家開発銀行主導の国際金融協力——

開発途上国にとって、貧困削除や後発地域の開発を促進するために開発金融が不可欠である。中国はかつて、国内開発資金不足を解決するために、韓国と共同で日本主導の「北東アジア開発銀行」(NEADB)の設立構想を提起したが、その当時、北東アジアにおける複雑な国際関係及びリーダーシップを発揮する国の不在により、不調に終わった。[9]

その後、中国の経済力の増強にともなう巨額の外貨準備高、国内金融市場の急拡大、企業の海外事業展開への支援を背景に、政策性金融機関として、一九九四年に国家開発銀行(CDB)を、一九九七年には中国輸出入銀行を、二〇〇一年には中国輸出信用保険公司(EXIMB)を、二〇〇七年には政府系ファンドとして中国投資有限責任公司(CIC)などを相次いで設立した。その中で政策性開発金融の中核的役割を担う国家開発銀行は中国と外国との金融協力を推進する主役であり、今回のＡＩＩＢ設立の母体でもある。

(1) スーパーバンクとしての国家開発銀行

従来の中国では、中国建設銀行は開発金融の機能を担っていたが、一九九四年にこの中国建設銀行を商業銀行業務に特化させるために、その開発金融の機能を分割して、専門的な政策性金融機関として、中国国務院に直属する国家開発銀行（China Development Bank：CDB）を設立した。この「国家開発銀行」は二〇〇八年に株式制度の導入にともなって、「国家開発銀行股份有限公司」に名称変更した。その株主は中国中央政府の財政部（持株率五一・三％）と中央匯金投資股份有限公司（持株率四八・七％）であり、設立当初の登録資本金は三〇〇〇億人民元（約四六八億ドル）であったが、その後、中央政府からの増資にともなって、株主の持株比率は財政部三六・五％、中央匯金投資股份有限公司三四・七％、国家外貨準備投資プラットフォーム公司二七・二％、国家社会保障基金会一・六％に変わった。二〇一四年末現在の資本金は四二一二億人民元（約六五七・一億ドル）であったが、二〇一五年七月には国家からの資本注入により、株主資本は九八六三億人民元（一五三八・六億ドル）となった。(10)この規模は世界銀行（応募資本五一三億ドル）を上回って、ＡＤＢ（応募資本一六二八億ドル）に肩を並べており、その事業展開には次のような特徴を持っている。

① 投融資規模

ＣＤＢは国家の政策性開発金融機関として、主な投融資先は道路、発電所、鉄道の建設及びその他

表3-4　中国国家開発銀行の財務諸表

（単位：10億人民元，％）

	2010年	2011年	2012年	2013年	2014年
総資産	5,112.3	6,252.3	7,534.6	8,197.2	10,317.0
融資残高	4,509.7	5,525.9	6,417.6	7,148.3	7,941.6
不良債権比率	0.68	0.40	0.30	0.48	0.65
総負債	4,709.8	5,807.0	7,025.1	7,627.8	9,636.2
債券発行残高	3,727.9	4,476.4	5,302.2	5,840.6	6,353.6
株主資本	402.5	445.3	509.9	569.4	680.8
純利益	37.1	45.6	63.1	80.0	97.7
利息純収入	87.7	116.5	154.4	171.5	178.7

出所：中国国家開発銀行HP（http://www.cdb.com.cn/web/NewsInfo.asp?NewsId=5814, 2015年12月29日閲覧）.

のインフラ整備、エネルギー開発、農業水利建設などであるが、これまでの主な融資例は杭州湾海大橋、三峡ダム、ハルビン―大連高速鉄道、貴州―広州高速鉄道、北京首都国際空港などがあり、中国の西部大開発、東北再振興において、中核的な役割を担っている。

二〇一四年の融資先についてみると、道路建設は一八・一％、社会インフラ整備は一七・〇％、電力開発は一〇・一％、鉄道建設は八・一％、石油開発は六・八％、農業水利建設は三・一％、石炭開発は一・四％、その他は三四・四％であった[11]。

二〇〇〇年以降、CDBは中国の西部、中部、東北など内陸地域の開発にともなう巨大なインフラ整備への資金需要に合わせて、事業規模は急拡大していった。**表3-4**のとおり、二〇一四年末現在、債券発行残高は約六・四兆人民元（約九五三〇・四億ドル）で、融資残高は七・九兆人民元（約一・二兆ドル）であり、この規模では、日本国際協力銀行融資残高（約八七九・八億ドル）[12]の約一四倍となっている。

②国際金融協力

CDBは中国の代表的な政策性開発金融機関として、「上海協力機構（Shanghai Cooperation Organization：SCO）銀行連合体」、「中国・ＡＳＥＡＮ銀行連合体」、「ＢＲＩＣＳ開発銀行」、「シルクロード基金」、「中国・アフリカ協力基金」、「中国・ポルトガル協力基金」などの枠組みを通じて、外国との金融協力を推進している。その主な協力分野はインフラ整備、装備製造業、農業、民生、エネルギーなどの建設プロジェクトを中心に、外国政府、企業、金融機関との協力を行っている。

これまでにはＣＤＢは「ＢＲＩＣＳ開発銀行」、ＡＩＩＢの設立を推進する主体であったが、とくに「一帯一路」構想が提起されて以来、その構想を実行するために、外国での鉄道、原子力発電所の建設、エネルギー開発などの分野で、金融面からの支援に取組んでおり、「上海協力機構開発銀行」の設立も検討しているとのことである。

ＣＤＢはかつて「ＢＲＩＣＳ開発銀行」の設立を推進した主体であったが、今回のＡＩＩＢもＣＤＢの対外金融協力を推進するための重要な枠組みとなっており、その母体は「中国・ＡＳＥＡＮ銀行連合体」である。この「中国・ＡＳＥＡＮ銀行連合体」はＣＤＢの主導で、ＡＳＥＡＮ一〇カ国のメインバンクの参加を得て、二〇一〇年一〇月に「中国・ＡＳＥＡＮサミット」に際して、設立する金融協力枠組みである。その協力分野は中国とＡＳＥＡＮ各国政府主導のインフラ整備に金融サービスを提供するほか、中国とＡＳＥＡＮの貿易における人民元決済、市場流動性を保つための金融スワップ協定の締結などにわたっているが、その最大成果は中国・ＡＳＥＡＮの金融協力からＡＩＩＢの設立に漕ぎ着けたことである。

要するに一九九〇年代では中国の開発金融は主に資金力の強い日本を期待していたが、二〇〇〇年以降の中国は「世界の工場」、「世界の市場」に続いて、世界最大の「金融市場」にもなった。このような資金力の強化にともなって、自らの開発金融システムの構築を通じて、まず、国内の経済開発のために潤沢な資金提供に取組んでおり、二〇一〇年以降、国内で蓄積された巨大な金融力を活かして、開発金融の国際化に乗り出した。このような巨大化しつつある資金力と金融力はむしろ、「一帯一路」開発構想、「ＢＲＩＣＳ開発銀行」及びＡＩＩＢを設立する最大の背景となっている。

４──人民元のＳＤＲへの採用とＡＩＩＢ

ＡＩＩＢ設立の背景には人民元の国際化が大幅に進展してきたこともある。とくに国際通貨基金（ＩＭＦ）は二〇一五年一一月三〇日に行われた理事会で、ＩＭＦの特別引出権（ＳＤＲ）の構成通貨への人民元の採用を決定することは人民元の国際化にとって、歴史的な出来事である。これにより、人民元は国際通貨としての信用力は一段と向上され、過度なドルへの依存から脱却し、ＡＩＩＢの設立とアジア金融市場の整備にも追い風になると期待できると同時に、中国は人民元の真の国際化を目指して、市場経済改革をさらに推進していくであろう。以下、人民元国際化の歴史、海外への人民元建て債券市場の拡大、人民元の国際化とアジア金融市場の将来を考察したい。

（一）人民元国際化の進展

人民元の国際化は二〇〇〇年以降、ロシア、モンゴル、ミャンマー、ベトナム、ラオスなどの隣国との国境貿易の決済手段として、民間の自発的な取引から始まったが、国家の政策課題として国際化政策を推進し始めたのはリーマンショック以降であった。当時、ドルを基軸通貨とする国際通貨体制の改革やアジア共通通貨の設立などは期待できないということを踏まえ、中国は為替変動リスクを回避するために、独自の人民元の国際化政策に乗り出したのである。その最初の対象はＡＳＥＡＮであった。

二〇〇九年七月に中国とＡＳＥＡＮの間で人民元建ての貿易決済の開始をきっかけに、二〇一〇年一〇月に中国の国家開発銀行とＡＳＥＡＮ諸国の主要銀行との共同で「中国・ＡＳＥＡＮ銀行連合体」を設立した。この銀行連合体は、主に銀行間の協力体制を通して、人民元建ての貿易決済の拡大、中国とＡＳＥＡＮとの地域開発重点プロジェクトへの融資を目的としていたが、その究極的な目的は、地域開発協力に対して、金融サポートを提供することによって、地域経済の活力をより一層拡大していこうとするものである。

それ以降、中国は人民元の国際化を推進するために、香港、シンガポール、ロンドンなどの国際金融センターを中心にオフショア人民元市場の構築に取組んできており、二〇一四年一〇月現在、人民元建ての貿易決済額は八兆元で、世界貿易決済額の一・七二%を占めており、ドル（四二・九三%）、ユーロ（二九・四三%）、ポンド（八・五九%）、日本円（二・七四%）、豪ドル（二・〇二%）、カナダドル（一・七八%）に次いで、世界第七位の貿易決済通貨となった［薛 二〇一五］。

(二) スワップ協定の締結

スワップ協定の締結は人民元国際化の一環である。中国の金融当局は二〇〇九年二月にマレーシアと始めてのスワップ協定の締結をきっかけに、香港、韓国、インドネシア、アラブ首長国連邦、ニュージーランド、オーストラリア、スイス、カナダ、スリランカ、ロシア、カタールなどの中央銀行と相次いでスワップ協定を締結した。二〇一四年までに世界二八カ国の中央銀行とスワップ協定を締結し、その締結額は三兆元となった［薛 二〇一五］。

(三) オフショア人民元建て債券市場の拡大

人民元建て貿易決済とスワップ協定の締結が進展すると同時に、その国際化の一環として、海外での人民元建て債券の発行を中心に人民元の資本取引も小規模ではありながら、進展している。

中国の債券市場は一九八一年から再スタートして、すでに三〇年もの歴史を持っている。二〇〇九年のリーマンショック以降、中国は間接金融の脆弱性を認識し、直接金融市場の整備に取組んできた。それにより、中国本土での債券発行額は年々、増加すると同時に、資本市場の開放と人民元取引自由化の一環として、人民元建ての債券発行の国際化を推進してきた。

外資系企業の中国本土市場での人民元建て債権の発行に関しては、二〇〇五年には国際金融公社（IFC）とアジア開発銀行（ADB）の起債（パンダ債）は第一号であり、その後、外資系商業銀行として、二〇一〇年には三菱東京UFJが初めて中国本土で人民元建て債券を発行し、韓国政府も二〇一五年一二月八日に中国人民銀行（中央銀行）から中国の銀行間債券取引市場で、上限三〇億人民元（四・八億ドル）の人民元建て債券を発行する承認を得たと発表した(13)。

一方、中国政府は、海外市場における人民元建て債券の発行にも積極的である。二〇〇七年六月に国家開発銀行が初めて香港で人民元建て債券を発行したが、二〇〇九年六月には外資系銀行の中国現地法人による香港人民元建て債券の発行も認められた。

さらに、人民元の国際化にとって、重要な出来事としては、二〇一四年一〇月一四日に、初めてイギリスで人民元建て債券が発行されたことである。これはイギリス政府が発行した、三〇億人民元に及ぶ人民元建て債券で、イギリスの外貨準備資産プールに注入され、ロンドン市場は人民元の重要なオフショアともなっている［薛 二〇一五：二二五］。

（四）人民元の国際化とＡＩＩＢ

ＡＩＩＢはドルで出資しているので、人民元のＳＤＲへの採用と直接的な関係はない。しかし、人民元のＳＤＲへの採用はその国際化を促進する重要なきっかけとなるので、ＡＩＩＢの進展及びアジア金融市場の形成に追い風になると見込まれている。

その将来のシナリオとしては、人民元のＳＤＲ採用を契機に、人民元と円は共にアジアの主要通貨となり、今後、人民元の自由化改革が進展すれば、ＡＩＩＢのアジアでの人民元建て債券の起債はさらに拡大され、人民元主導のアジア金融市場の形成に追い風になると見込まれている。長期的にはアジアでは「人民元経済圏」の形成はまったく可能性がないわけではないといえよう。

むすびにかえて
――ＡＩＩＢと東アジアの国際金融協力――

東アジアの金融協力はアジア金融市場の「ダブルミスマッチ」を解消するために、二〇〇〇年の「チェンマイ・イニシアチブ」の合意から始まって、「アジア債券市場育成イニシアチブ」を経て、すでに一五年間の歳月を経ったが、とくに著しい進展がみられていない。その原因はいまの東アジアでは、次のような金融協力の進展を促進する原動力もあるものの、それを妨げる阻害要因もある。その第一は「ＩＭＦリンク」の問題である。とくに「チェンマイ・イニシアチブ」ではＩＭＦと関係なく使える融資枠は三〇％に過ぎず、その七〇％の融資枠はＩＭＦの審査が必要である。さらに東南アジア諸国のＩＭＦへの抵抗感と警戒感なども「チェンマイ・イニシアチブ」が機能していない阻害要因ともなっている。第二は東アジアの地政学的リスクである。その中で、尖閣諸島問題や歴史問題に端を発する中日関係の悪化、南シナ海をめぐる中国とベトナム、フィリピンの領土問題及びその問題に関する中米対立の激化などは東アジア金融協力に陰を落としている。第三は中日間の主導権争いの問題であり、日本はアジアでの主導権を確保するために、ＡＩＩＢに消極的・対抗的な姿勢を取っている。

こうした中で、ＡＩＩＢの発足は東アジア諸国の金融協力と金融資本市場の整備に次のような積極的な役割を果たすのではないかと期待されている。

①アジア債券市場の整備

アジア債券市場の立ち遅れにより、直接金融のシェアが低いのはアジア金融資本市場の弱点とされており、「ダブルミスマッチ」が発生する主な原因ともいわざるを得ないが、ＡＩＩＢは政策性開発金融機関として、将来、アジアでの債券発行を拡大すれば、長期資金の調達による「ダブルミスマッチ」の解消や金融市場における制度や法律の整備を促進し、アジア債券市場の育成につながると見込まれている。

②中日間の住み分けによるアジア開発金融枠組みの構築

これまでにはアジアの開発金融において、ＡＤＢへの一極構造であったが、ＡＩＩＢは将来、ＡＤＢと肩を並べる規模になるであろうと見込まれている。それにより、アジアでは、日本主導のＡＤＢと中国主導のＡＩＩＢという二極構造となって、この二大メインバンクは競争関係にあるが、お互いに協力する可能性も十分ある。このＡＤＢとＡＩＩＢの二極を基軸とする枠組みはアジアインフラ整備への長期資本の供給量を拡大させるだけでなく、アジアでの各国の金融協力、金融資本市場の拡大と活性化にも寄与するであろう。

しかし、中国の政策性開発金融の海外展開は、いまだ初期段階にあり、その規模も世界銀行やアジア開発銀行と比べて小さいだけでなく、経営ノウハウも不十分であるため、その発展を促進するために、中国国内における金融・通貨制度の改革、人民元の国際化、中国とアジア諸国との良好な国際関係の構築などは重要な課題として、不可欠となっている。

注

（1）「ＡＩＩＢ発足」（中文網二〇一六年一月一六日）。

（2）レポ協定とは証券類を買い戻し条件付で売買する取引のことである［中川 二〇〇九］。

（3）ＣＭＩの発動はＩＭＦの融資条件とのリンクとは各国スワップ取極のうち、ＩＭＦプログラムなしで提供できる割合は三〇％に過ぎないということなので、この金額だけでは金融危機への対応が難しい［中川 二〇〇九：一五四］。

(4) 政策提言レポート「アジア経済圏にとって望ましい金融・資本市場のあり方」全国銀行協会、二〇一一年三月。
(5) ASEAN金融・サービスの自由化に関しては、江崎［二〇一四：九］を参照されたい。
(6) ASEAN金融資本市場の統合と達成度に関しては、赤羽［二〇一三］を参照されたい。
(7) 中国国家統計局『中国統計年鑑』各年版。
(8) 中国銀行の国際化に関しては、何暁軍［二〇〇九］を参照されたい。
(9) 環日本海経済圏の形成を議論する中から、図們江開発における資金不足を解決するための「北東アジア開発銀行」(NEADB) の設立構想は、一九九一年にアメリカ東西センター主催の「北東アジア経済フォーラム・天津会議」において、韓国の南悳祐元総理と中国国務院発展研究センターの馬洪元主任により提起され、その後、ADBの元副総裁スタンリー・カッツの設立案やそれを踏まえた日本の東京財団の設立案が提起されたが、結局、日本政府の消極的な姿勢により不調に終わった。その詳細に関しては、千葉［二〇〇五］を参照されたい。
(10)『第一財経日報』二〇一五年八月一八日。
(11) CDB二〇一四年事業報告書。
(12) 日本国際協力銀行HP。
(13)『ソウル聯合ニュース』二〇一五年一二月八日。

第4章 中国とASEANの経済連結性

はじめに

中国とASEANは相互交流の歴史が短いにもかかわらず、二〇〇〇年以降、経済協力関係は急速に進展してきた。二〇〇二年に「中国・ASEAN間の包括的な経済協力に関する枠組み合意」が調印されて以降、アーリーハーベストの実行などを経て、二〇一〇年には自由貿易協定の発効に漕ぎ着けた。

中国とASEANは、地理的に隣接し、経済的補完関係が強いなどの優位な面がある。特に、中国の経済力の高まりにともなって、巨大な国内市場、中国から東南アジアへの観光客の増加、中国本土から生産拠点の移転にともなう直接投資、東南アジアへの開発援助などは、中国とASEANの経済協力を促進する原動力となっている。しかし、中国とASEANの間には、領土紛争、ASEAN域内の経済格差にともなうスタンスの違い、政治制度や価値観の違いがもたらす摩擦、東アジアの複雑な大国関係の影響など、多様なマイナス要因が内包されていることも事実である。

現在、中国とASEANの間では、自由貿易協定、各種の首脳会議・閣僚会議、GMS（大メコン圏経済協力プログラム）、「中国・ASEAN博覧会」、「広域北部湾（トンキン湾）経済協力フォーラム」などの枠組みの下で、貿易、投資、金融、交通、通信、観光、農業、教育、科学技術など、幅広い分野で活発な開発協力が進められており、これらの協力を反映して、相互貿易額は二〇〇〇年の三六四億ドルから二〇一三年の四〇〇〇億ドルへと一〇倍増を果たした。このような状況は、中国とASEANの「黄金の一〇年」と呼ばれており、その結果、中国はASEANの第一輸出相手国に、ASEANは中国の第三輸出相手国となった。

この巨大な貿易拡大効果を踏まえ、最近、中国とASEANは、活発な首脳会談を通じて、中国・ASEAN自由貿易協定のバージョン・アップ交渉、金融協力の強化、「アジアインフラ投資銀行」（AIIB）の設立、「2＋7協力枠組み」の構築、アジア広域鉄道網の建設など、二〇二〇年までに中国・ASEAN間の相互貿易額を一兆ドルに拡大し、経済連携を従来の「黄金の一〇年」から「ダイヤモンドの一〇年」へとバージョン・アップさせるための提案・提言を積極的に行っている。

以下では、貿易、投資、経済協力枠組みなど、三つの面から、日韓と比較しながら、中国とASE

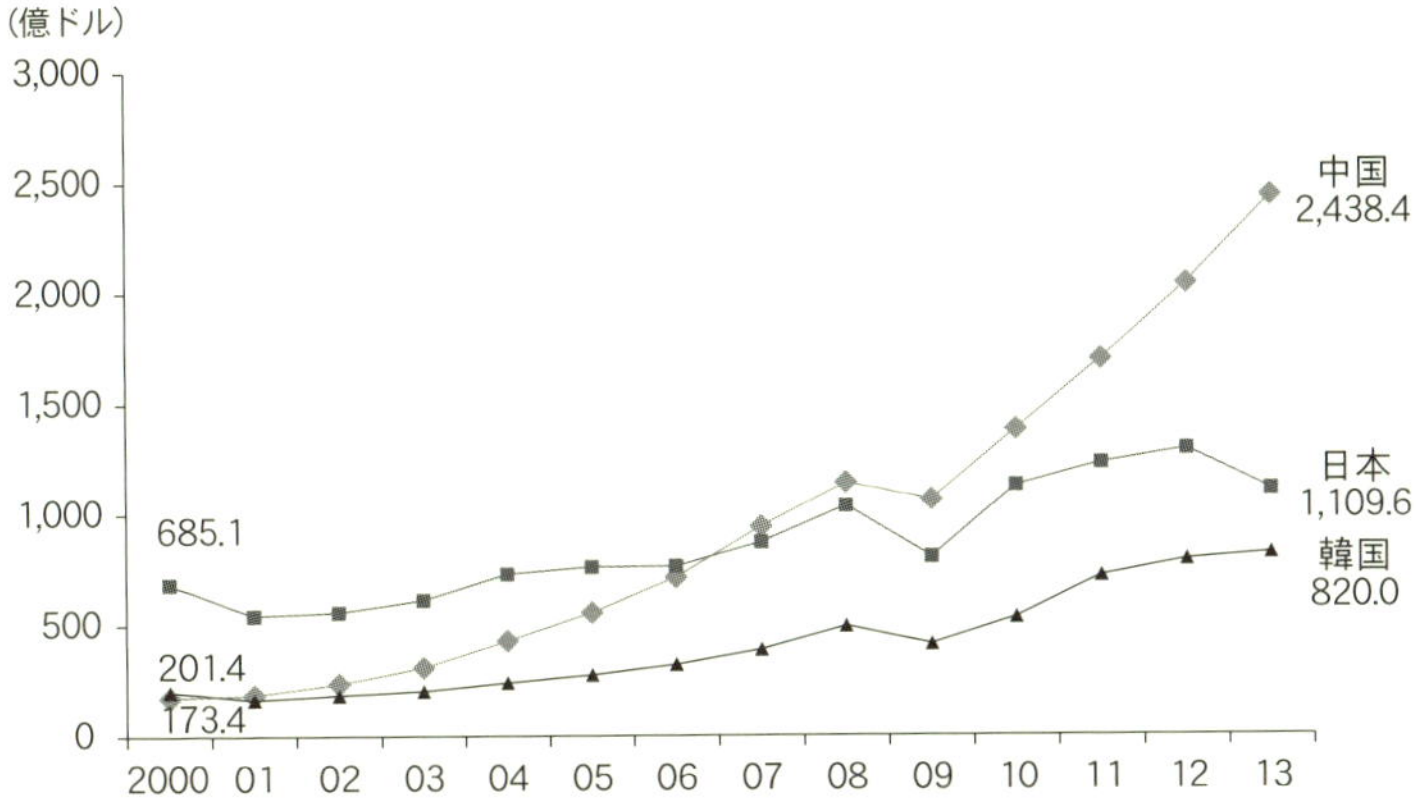

図4-1　中日韓対ASEAN輸出の推移

出所：JETRO海外調査部アジア大洋州課のデータベースより作成.

ANとの経済連結性を考察したい。

1　相互貿易からみた中国とASEANとの経済連結性

(一) 相互貿易の増加と輸出相手先の構造変化

今日、東アジアでは日中韓のいずれもASEANの重要な貿易パートナーであるが、中国とASEANとは歴史的には経済的つながりが弱いだけでなく、「南南協力」の範疇に属しており、かつて、経済の発展段階、発展モデル、相互の比較優位産業が類似していることから、相互補完関係というより、競合関係が強いため、経済協力やFTA締結の貿易拡大効果が期待できないとまでいわれてきた。しかし、**図4-1**に示されているように、中国対ASEANの輸出は二〇〇〇年の一七三・四億ドルから二〇一三年の二四三八・四億ドルへと一三倍増を果し、年平均成長

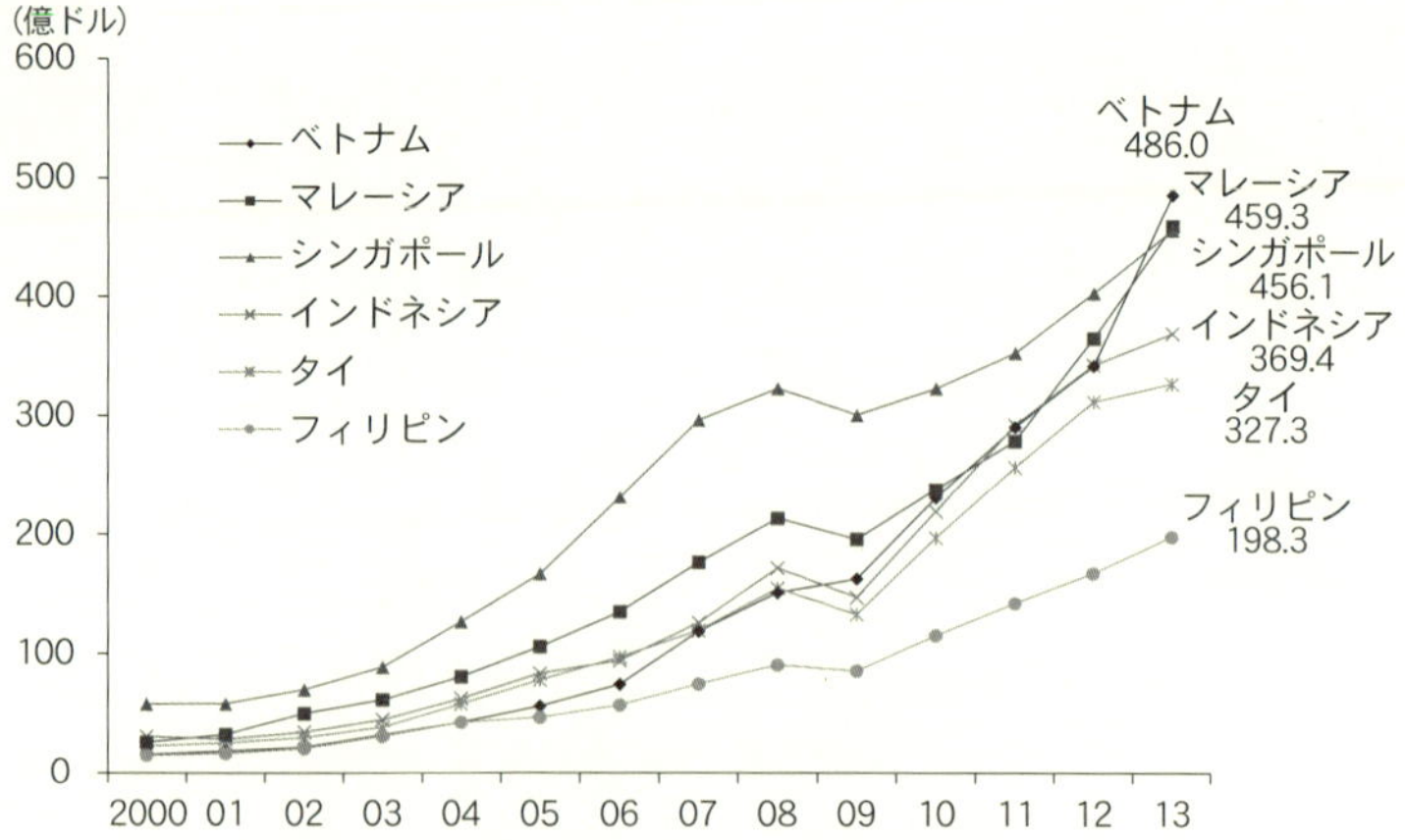

図4-2　中国対 ASEAN 国別輸出の推移

出所：JETRO海外調査部アジア大洋州課のデータベースより作成.

率では二二・五％で、韓国の一一・四％、日本の三・八％を上回っている。その結果、ASEANにとって最大の輸入相手国となった。

また、**図4-2**のとおり、中国対ASEAN輸出の中で、とくに急拡大しているのは南シナ海では領土を争っているベトナムへの輸出である。二〇一三年にはベトナムへの輸出額は四八六・〇億ドルとなり、中国対ASEAN輸出総額の二四・四％を占めており、第一位となっている。

その背景には従来、中国広東省に進出していた日本と韓国の電子・電機メーカーによるベトナムへの大規模な生産拠点の移転により、広東省からベトナムへの電子部品の輸出が急速に増加していったことがある。これは中国の華南経済圏とベトナムの北部経済圏は日韓電子電機メーカーの直接投資を介して、東アジア生産ネットワークに組み入れたことを

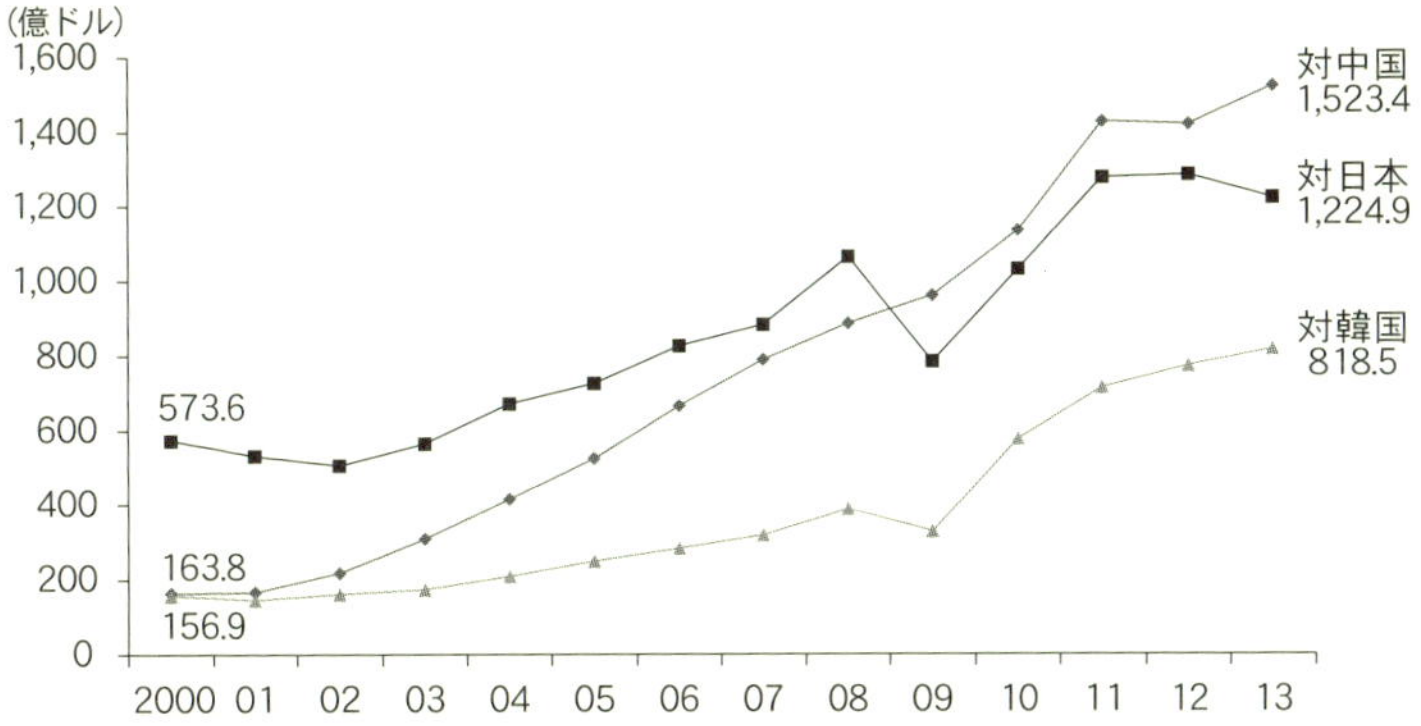

図4-3　ASEAN対中日韓輸出の推移

出所：JETRO海外調査部アジア大洋州課のデータベースより作成.

反映している。

とくにベトナム北部と雲南省の昆明や広西の南寧を連結するために道路、鉄道、港湾などのインフラ整備が急速に進んでおり、華南経済圏からベトナム北部へのアクセスビリティが大幅に改善され、両地域の連結性が一層強まってきた。中国とベトナムは領土問題をめぐって激しく争ってはいるものの、経済の連結性は益々強まりつつある。このような経済連携の拡大は将来、領土問題の解決にもつながるのではないかと期待されている。

また、ASEANの対中国輸出は**図4-3**に示されているように、二〇〇〇年の一六三・八億ドルから二〇一三年の一五二三・四億ドルへと九・三倍増となり、その平均成長率は一八・七%で、韓国向けの一三・六%、日本向けの六・〇%を上回った。

また、ASEAN国別の対中輸出についてみると、**図4-4**のとおり、シンガポールの対中輸出は圧倒的に多い。そ

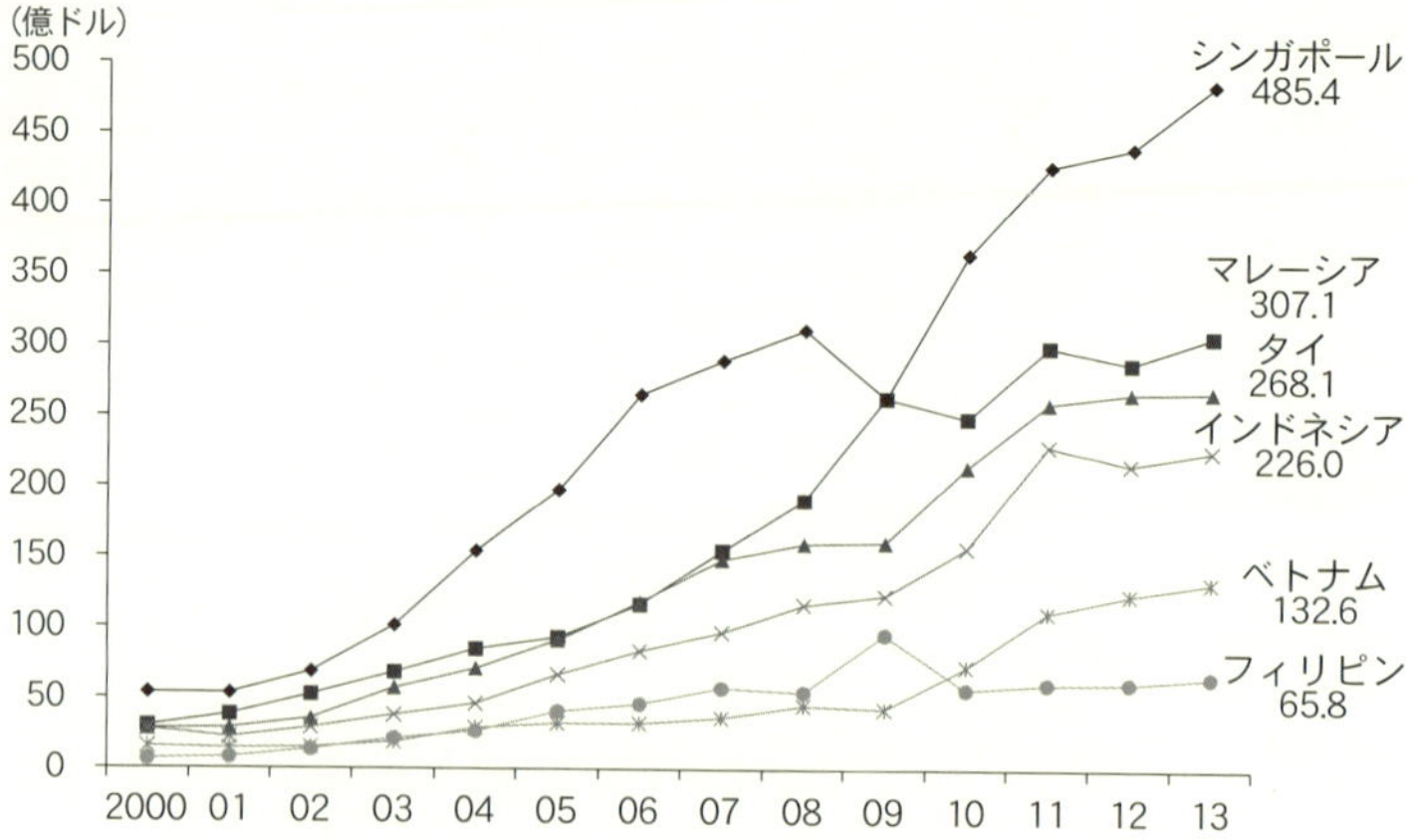

図４-４　ASEAN 主要国対中国輸出の推移

出所：JETRO海外調査部アジア大洋州課のデータベースより作成.

れに次いで、マレーシア、タイ、インドネシアなどのＡＳＥＡＮ先発国となっており、この四カ国合計で一二八六・六億ドルとなり、ＡＳＥＡＮ対中輸出の八四・五％を占めている。その中で、先進国としてのシンガポールは中国への石油製品、電子部品の輸出が圧倒的に多いのに対し、マレーシアとタイは外資系企業による対中部品の輸出が増加しているからである。このことも中国とＡＳＥＡＮは外資系企業を介している国際分業関係を反映している。

　要するに中国とＡＳＥＡＮとの相互貿易の急拡大は、主にＦＴＡの関税引き下げによる貿易拡大効果、いわゆる「制度的統合」の経済効果だと考えられるが[1]、それ以外に、二〇〇〇年以降、中国の鉄鋼、機械産業の国際競争力の強化、フォックスコンを始め、ＥＭＳ企業の対中進出の加速、二〇一〇年代後半には中国の人件費上昇にともなう日系企業のＡＳＥＡＮへ

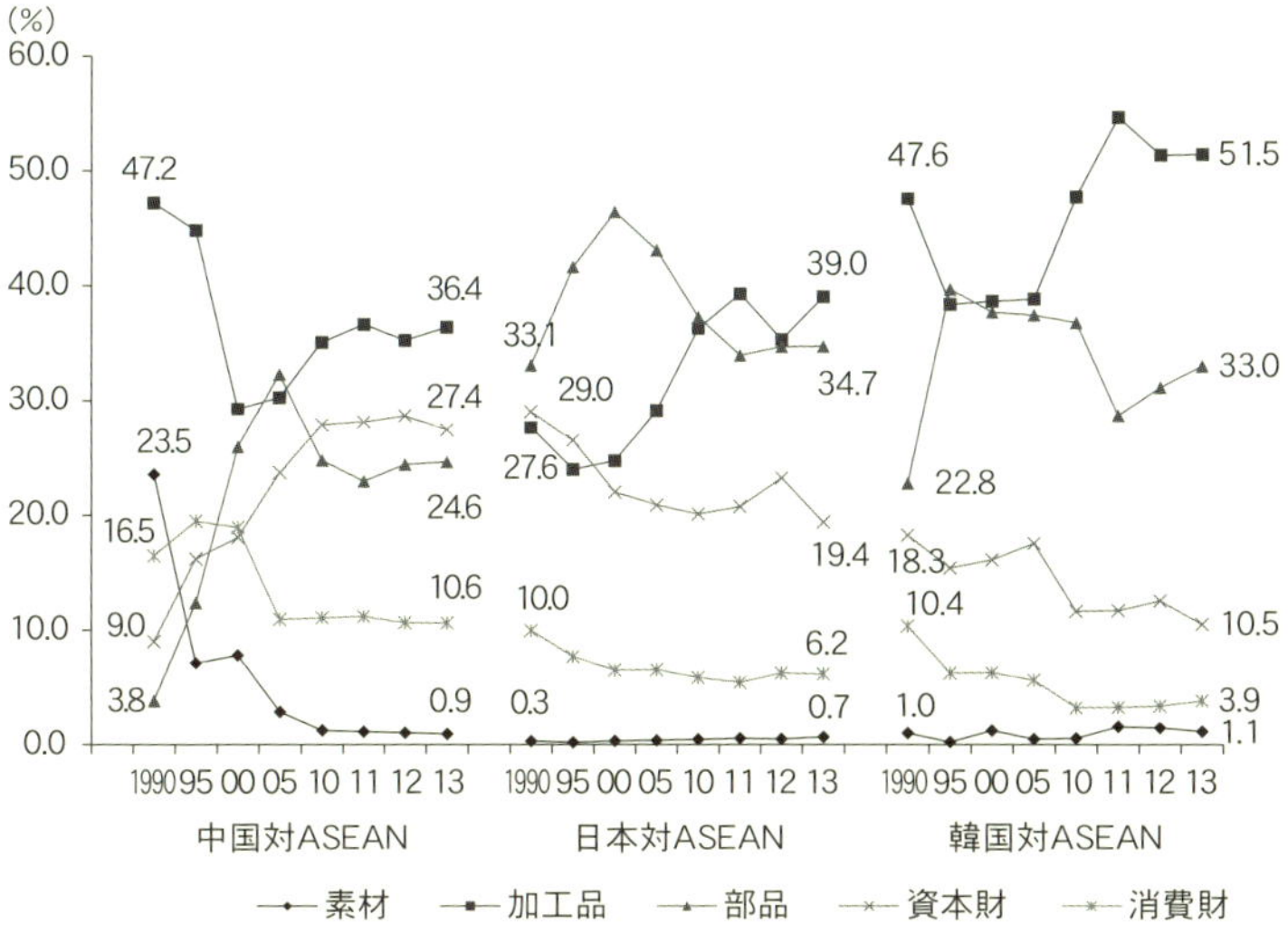

図 4 - 5　中日韓対 ASEAN 生産段階別輸出構成比の変化

出所："RIETI-TID2013"（http://www.rieti-tid.com/trade.php）より作成.

の生産拠点の移転なども中国とＡＳＥＡＮの相互貿易を加速させた重要な要因となっている[2]。今後、中国対ＡＳＥＡＮ直接投資の増加及び中国・ＡＳＥＡＮ間の経済協力拡大により、中国・ＡＳＥＡＮとの貿易はさらに拡大すると見込まれている。

(二) 輸出品目構造と産業別国際競争力の現状

輸出の品目構造は、量的指標として輸出国の産業構造を反映するとすれば、産業別貿易特化係数[3]は、質的指標として輸出国の産業別国際競争力を表している。以下、中日韓比較の視点から、二〇一二年のデータに基づいて、中国対ＡＳＥＡＮ輸出の品目構造と産業別貿易特化係数を考察してみたい。

表4-1　中日韓の対ASEAN輸出品目構造(2012年)

(単位：億ドル)

日本			中国			韓国		
項目	金額	構成比	項目	金額	構成比	項目	金額	構成比
一般機械	321.5	24.1	電気機械	441.1	26.9	電気機械	222.7	30.3
電気機械	257.6	19.9	一般機械	338.6	20.7	石油と石炭製品	147.0	20.0
鉄鋼及び金属製品	255.9	19.7	鉄鋼及び金属製品	194.0	11.8	鉄鋼及び金属製品	104.9	14.3
輸送設備	152.9	11.8	化学製品	177.6	10.8	化学製品	85.7	11.7
化学製品	134.7	10.4	繊維	118.7	7.2	一般機械	56.3	7.7
石油と石炭製品	36.9	2.8	食料	59.2	3.6	繊維	31.0	5.4
精密機械	35.9	2.8	石油と石炭製品	55.0	3.4	輸送設備	39.6	5.4
木材・パルプ・紙	27.8	2.1	輸送設備	53.8	3.3	木材・パルプ・紙	12.8	1.7
玩具及び雑貨	20.4	1.6	木材・パルプ・紙	50.8	3.1	食料	6.3	0.9
繊維	20.2	1.6	玩具及び雑貨	48.4	3.0	精密機械	6.0	0.8
家電製品	17.4	1.3	家電製品	46.2	2.8	玩具及び雑貨	5.8	0.8
石材・陶磁・ガラス等	15.9	1.2	石材・陶磁・ガラス等	31.0	1.9	家電製品	5.0	0.7
食料	7.6	0.6	精密機械	24.4	1.5	石材・陶磁・ガラス等	2.5	0.3
計	1,295.9	100.0	計	1,638.9	100.0	計	734.5	100.0

出所：独立行政法人経済産業研究所, RIETI Trade Industry Database 2012, より作成.

(1) 輸出品目構造

まず、産業内国際分業を反映する生産段階別における中日韓対ASEAN輸出構造についてみると、**図4-5**に示されているように、中日韓三カ国とも加工品の輸出を中心としていることがわかる。しかし、それに次いで、第二位の輸出産業に関しては、日韓の部品産業に対し、中国は資本財産業である。このことは二〇〇〇年以降、中国の重化学産業の重点育成政策により、機械設備など、資本財の輸出が急速に拡大したことを反映している[4]。

また、産業別の輸出構造についてみれば、**表4-1**に示されているように、中日韓の共通点としては、順位は異なるが、上位五品目には電気機械、一般機械、鉄鋼及び金属製品、化学製品が入っている。輸出量についてみると、中国第一位の輸出品目としての電気機械の輸出額(四四一・一億ドル)は、日本(二五七・六億ドル)

表4-2　中日韓の対ASEAN産業別貿易特化係数（2013年）

	日本		中国		韓国	
1	輸送設備	0.6795	輸送設備	0.7836	輸送設備	0.9198
2	一般機械	0.6583	繊維	0.6545	鉄鋼及び金属製品	0.5744
3	鉄鋼及び金属製品	0.5380	石材・陶磁・ガラス等	0.5650	電気機械	0.4466
4	精密機械	0.3169	玩具及び雑貨	0.4883	化学製品	0.3979
5	電気機械	0.3000	鉄鋼及び金属製品	0.1871	一般機械	0.3697
6	石材・陶磁・ガラス等	0.2345	一般機械	0.1564	繊維	0.1983
7	化学製品	0.2074	家電製品	0.1545	玩具及び雑貨	0.0268
8	玩具及び雑貨	-0.2437	精密機械	0.0871	精密機械	-0.0127
9	家電製品	-0.3404	化学製品	-0.0405	家電製品	-0.0855
10	繊維	-0.4277	食料	-0.1112	石油・石炭製品	-0.1784
11	木材・パルプ・紙	-0.5852	電気機械	-0.1480	石材・陶磁・ガラス等	-0.1901
12	食料	-0.8536	木材・パルプ・紙	-0.6627	木材・パルプ・紙	-0.5317
13	石油・石炭製品	-0.8550	石油・石炭製品	-0.6634	食料	-0.6205

出所：独立行政法人経済産業研究所, RIETI Trade Industry Database 2012, より作成.

と韓国（二二一・七億ドル）を大きく上回っており、第二位の輸出品目としての一般機械（三三八・六億ドル）も日本（三一二・五億ドル）と韓国（五六・三億ドル）を上回っている。中国のこの二品目の輸出額だけで、輸出総額の四七・六%を占めている。ただし、この電気機械輸出の中には、中国に進出している外資系企業による輸出が含まれていると考えられる。

また、日本の鉄鋼産業の輸出額（二五五・九億ドル）は中国（一九四・〇億ドル）と韓国（一〇四・九億ドル）を、輸送設備の輸出額（一五二・九億ドル）は、中国（五三・九億ドル）と韓国（三九・六億ドル）を遥かに上回っている。さらに韓国の特徴としては、石油と石炭製品の輸出（一四七・〇億ドル）は中国（五五・〇億ドル）と日本（三六・九億ドル）より多い。

以上の考察から分かるように、輸出額において、中国は電気機械、一般機械の領域で、日本は鉄鋼及び金属製品、輸送設備の領域で、韓国は石油と石炭製品の領域でそれぞれ優位に立っている。

⑵ 産業別国際競争力の現状

表４‐２から伺われるように、貿易特化係数に基づいて中日韓産業別の国際競争力をみると、前述の状況は変わってくる。まず、共通点としては、ＡＳＥＡＮに対し、中日韓とも輸送機械の国際競争力が強いが、三カ国の中で、韓国（〇・九一九八）が最も高く、次いで中国（〇・七八三六）、日本（〇・六七九五）の順となっている。これはＡＳＥＡＮで現地生産している日系企業による逆輸入があるためだと考えられるが、中国企業の現地生産が少なく、韓国では自動車の輸入関税が高いという要素を考慮すれば、これらのデータは中日韓自動車産業の国際競争力というよりも、企業の経営パターンを反映するといった方が適切であろう。

また、一般機械と精密機械の領域では、日本の貿易特化係数は〇・六五八三と〇・三一六九で、中国（〇・一五六四、〇・〇八七一）と韓国（〇・三六九七、－〇・〇一二七）より高く、中韓と比べ、顕著な競争優位に立っている。

鉄鋼産業に関しては、ＡＳＥＡＮへの輸出量が最も多いのは日本であるが、貿易特化係数が最も高いのは韓国（〇・五七四四）であり、中国のそれは〇・一八七一に過ぎず、産業内分業が発達する領域に属している。しかし、近年、中国のＡＳＥＡＮへの鉄鋼の輸出が猛烈な勢いで増加しており、その輸出量の増加にともなって、貿易特化係数は上昇すると思われる。

さらに、中日韓とも主要な輸出品目である電気機械産業に関しては、韓国（〇・四四六六）が最も

表4-3　中日韓対ASEAN資本財の業種別輸出額

（単位：億ドル，2013年）

	中国			日本			韓国		
	輸出	輸入	貿易特化係数	輸出	輸入	貿易特化係数	輸出	輸入	貿易特化係数
一般機械	226.2	130.7	0.27	120.4	32.2	0.58	40.2	13.0	0.51
電気機械	201.9	63.1	0.52	44.6	37.0	0.09	22.8	13.5	0.26
輸送機械	30.0	0.2	0.99	17.9	3.5	0.67	9.9	0.9	0.83
精密機械	15.5	14.3	0.04	20.0	10.4	0.32	5.1	4.0	0.12
家電製品	13.3	24.6	-0.30	6.4	8.4	-0.14	1.8	1.2	0.20
雑貨・玩具	5.4	0.7	0.77	5.1	1.2	0.62	0.5	0.2	0.43
鉄鋼・非鉄金属	5.1	0.2	0.92	2.2	0.5	0.63	1.5	0.3	0.67
計	497.5	233.8	0.36	216.6	93.2	0.40	81.8	33.1	0.42

出所：独立行政法人経済産業研究所，RIETI Trade Industry Database 2012，より作成．

高く、次いで日本（〇・三〇〇〇）である。中国は0に近い－〇・一四八〇であり、産業内国際分業の領域に属しているが、やや競争力が弱いといえる。ASEANから中国への電気機械輸出の中には日系企業の輸出も含まれていると考えられる。

最後に中日韓とも主要輸出品目である化学製品に関しては、中国は0に近い－〇・〇四〇五であるのに対し、韓国（〇・三九七九）は日本より高い水準にあり、これは各国の国際競争力の実態を反映している。

また、中日韓対ASEAN資本財の輸出構造（表4-3）についてみれば、三カ国とも一般機械と電気機械の輸出は圧倒的なシェアを占めている。輸出競争力を反映する貿易特化係数では、一般機械の場合、日本（〇・五八）と韓国（〇・五一）は中国（〇・二七）より高いが、電気機械の場合、中国（〇・五二）は日本（〇・〇九）と韓国（〇・二六）を上回っている。

それに次いで、輸送機械の分野では、中国の輸出額は最も高いが、貿易特化係数も〇・九九で、日本（〇・六七）、韓国（〇・八三）を

表4-4　ASEAN+3及び欧米の輸出依存度

（単位：%）

		ASEAN	日本	韓国	中国	ASEAN+3	米国	EU28
ASEAN	2000年	23.8	13.4	3.7	3.8	44.7	19.0	15.0
	2013年	26.4	9.8	4.3	12.2	52.8	9.2	10.1
日本	2000年	14.3	0.0	6.4	6.3	27.1	30.1	16.8
	2013年	15.5	0.0	7.9	18.1	41.5	18.8	10.0
韓国	2000年	11.7	11.9		10.7	34.2	21.9	14.4
	2013年	14.7	6.2	0.0	26.1	46.9	11.1	8.8
中国	2000年	7.0	16.7	4.5	0.0	28.2	20.9	16.5
	2013年	11.0	6.8	4.1	0.0	21.9	16.7	15.4
ASEAN+3	2000年	15.6	9.0	4.3	4.9	33.9	23.7	15.9
	2013年	16.2	6.5	4.2	9.0	36.0	14.4	12.4
米国	2000年	6.0	8.4	3.5	2.1	20.0	0.0	21.8
	2013年	5.0	4.1	2.6	7.7	19.5	0.0	16.7
EU28	2000年	1.6	1.7	0.6	1.0	4.9	9.0	67.7
	2013年	4.6	3.1	2.3	8.5	18.5	16.5	―

出所：図4-1に同じ.

上回っている。

結論からいえば、中日韓の主要産業の対ＡＳＥＡＮ輸出競争力に関しては、中日韓とも電気機械、輸送設備、鉄鋼、機械・設備などの分野で競争優位に立っているが、その内、日本は一般機械と精密機械などの産業では、韓国は輸送機械、鉄鋼、電気機械などの産業では競争優位に立っているのに対し、中国の場合、日韓と比べて顕著な競争優位に立っている産業は繊維、石材、玩具・雑貨などの労働集約型産業にとどまっている。このような競争優位産業の序列構造は、ある程度、東アジア特有な雁行型経済発展モデルを反映しているといえよう。

(3) 中国とASEANの経済連結性

以下では、中国とＡＳＥＡＮ双方の輸出依存度と輸出結合度[5]から中国とＡＳＥＡＮとの経済連結性を考察してみよう。

まず、二〇〇〇年から二〇一三年のＡＳＥＡＮ＋３及

表4-5　ASEAN+3及び欧米の輸出結合度

（単位：%）

		ASEAN	日本	韓国	中国	ASEAN+3	米国	EU28
ASEAN	2000年	4.13	2.53	1.61	1.16	2.68	1.03	0.39
	2013年	4.34	2.33	1.64	1.25	2.32	0.81	0.32
日本	2000年	2.35	0.00	2.47	0.65	1.19	2.63	0.53
	2013年	2.55	0.00	3.04	1.84	1.82	1.64	0.32
韓国	2000年	2.03	2.23	0.00	3.22	2.05	1.18	0.38
	2013年	2.40	1.46	0.00	2.65	2.06	0.97	0.28
中国	2000年	1.21	3.14	1.99	0.00	1.69	1.13	0.43
	2013年	1.81	1.60	1.59	0.00	0.96	1.46	0.48
ASEAN+3	2000年	2.72	1.69	1.91	1.48	2.03	1.28	0.41
	2013年	2.66	1.53	1.63	0.92	1.58	1.26	0.39
米国	2000年	1.05	1.57	1.55	0.62	1.20	0.00	0.57
	2013年	0.82	0.97	1.01	0.79	0.86	0.00	0.53
EU28	2000年	0.27	0.32	0.27	0.29	0.29	0.49	1.76
	2013年	0.76	0.73	0.88	0.86	0.81	1.44	―

出所：2000年のデータはJETRO調査部アジア大洋州課のデータベース，2013年のデータはJETRO『貿易投資白書』より作成.

び欧米の輸出依存度の変化についてみると，**表4-4**のとおり，ASEAN＋3は対欧米の輸出依存度がいずれも低下しているのに対し，対域内の輸出依存度は上昇している。ただし，中国の輸出先分散化を反映して，中国の対ASEAN＋3の輸出依存度は二〇〇〇年の二八・二％から二〇一三年の二一・九％へと低下していった。一方，日本，韓国，ASEANのいずれも対中国，ひいては対域内の輸出依存度は大幅に上昇した。

しかし，東アジア諸国・地域の輸出結合度は輸出依存度とは異なっている様子を示している。**表4-5**のとおり，まず，ASEAN＋3の対域内輸出結合度は二〇〇〇年の二・〇三から二〇一三年の一・五八へと低下していた。国別対中輸出結合度に関しては，ASEANと日本は上昇しているのに対し，韓国は低下している。このことは二〇〇〇年以降，韓国の対中輸出依存度の増加率は日本，ASEANより低いことを反映している。しかし、輸出結合度の値からみれば、韓国と中国の経済連結性は日本、ASEANより強いといえよう。

一方、対日本の輸出結合度に関しては、中国は三・一四から一・六〇、韓国は二・一三から一・四三、ASEANは二・五三から二・三三へと、そのいずれも低下しているのは日本の東アジアにおけるアブソーバー機能が低下しつつあるといわざるを得ない。

2 中国の対ASEAN直接投資

(一) 中国、日本の対ASEAN直接投資

日本の対ASEAN直接投資は一九八〇年代初頭に資源開発から始まったが、プラザ合意以降は、製造業を中心にアジアNIESに続いて、生産拠点移転型の直接投資が行われるようになった。一九九七年の「アジア通貨・金融危機」には一時的に低下したが、二〇〇〇年以降再び増加の軌道に乗り、二〇一四年までに直接投資の残高は一五八四・八億ドルに達し、日本の対世界直接投資残高(一兆二〇一五・一億ドル)の一三・二%を占めている(図4-6参照)。

中国とASEANとの相互直接投資は日本より遅い一九九〇年代から始まった。まず、一九九〇年代初めからシンガポール、タイ、マレーシアなど、比較的経済が発展している国は中国に進出し

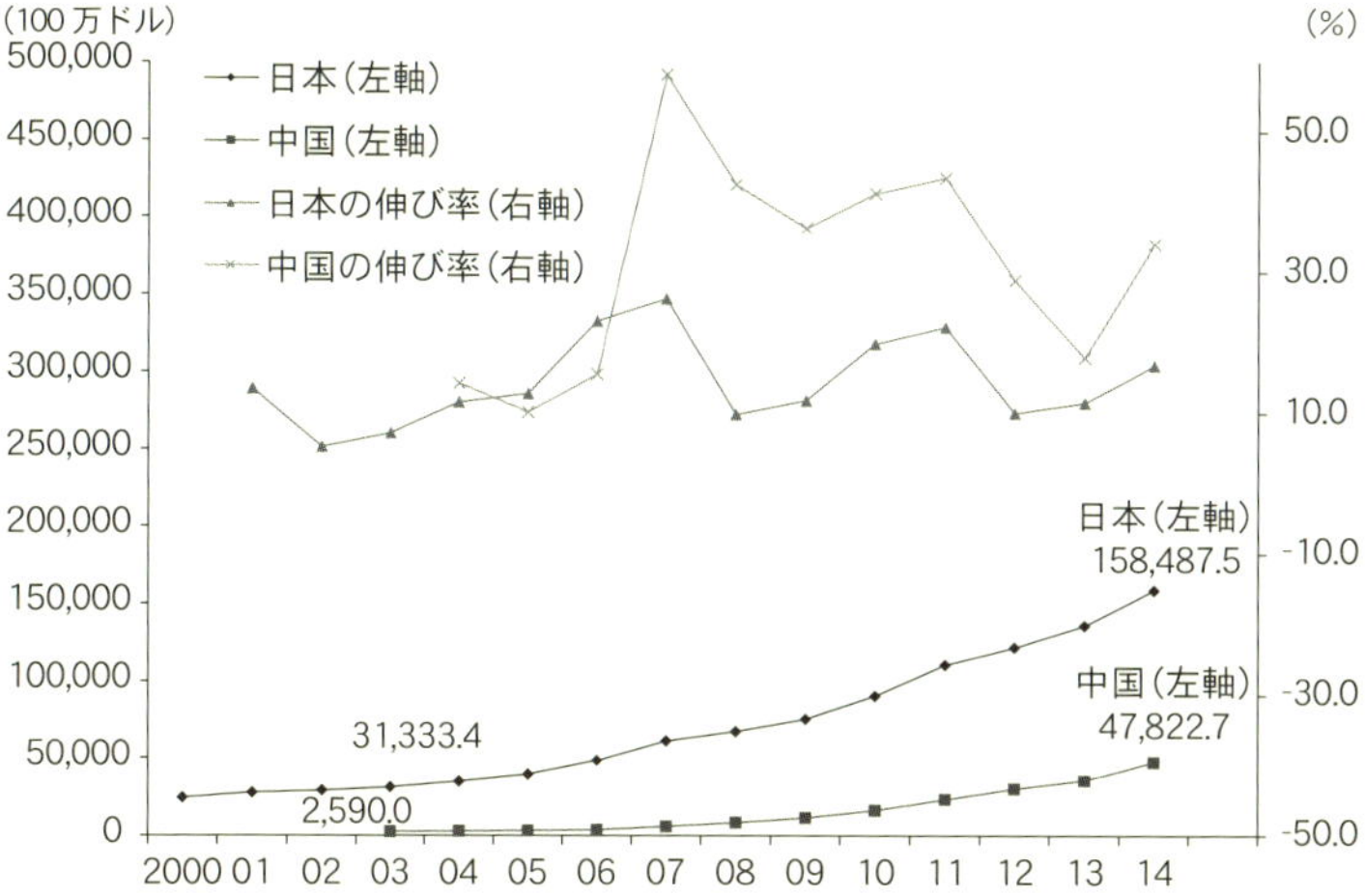

図４-６　日本と中国の対ASEAN直接投資残高の推移

出所：日本のデータはJETRO『日本の直接投資統計』2015年，中国のデータは中国商務部・国家統計局・国家外貨管理局編『中国の対外直接投資統計公報2014年度』より作成．

始めたが、中国の対ＡＳＥＡＮ直接投資は一九九〇年代後半から始まり、二〇〇〇年以降、加速していった。二〇一四年までに、中国・ＡＳＥＡＮの相互直接投資残高は一〇四五・〇億ドルであるが、その内、ＡＳＥＡＮ対中直接投資残高は七四二・五億ドルで、世界の対中直接投資残高の五・五％を占めている。

一方、二〇一四年までに中国対ＡＳＥＡＮ直接投資残高は四七八・二億ドルで、日本対ＡＳＥＡＮ直接投資残高の三分の一となっている。しかし、中国対ＡＳＥＡＮ直接投資残高の中国対世界直接投資残高の五・四％、対アジア直接投資残高の七・九％にすぎなかった[6]。

二〇一〇年代後半から日本企業は「チャイナプラスワン」として、ＡＳＥＡＮへの直接投資を加速させていったが、中国企業の対

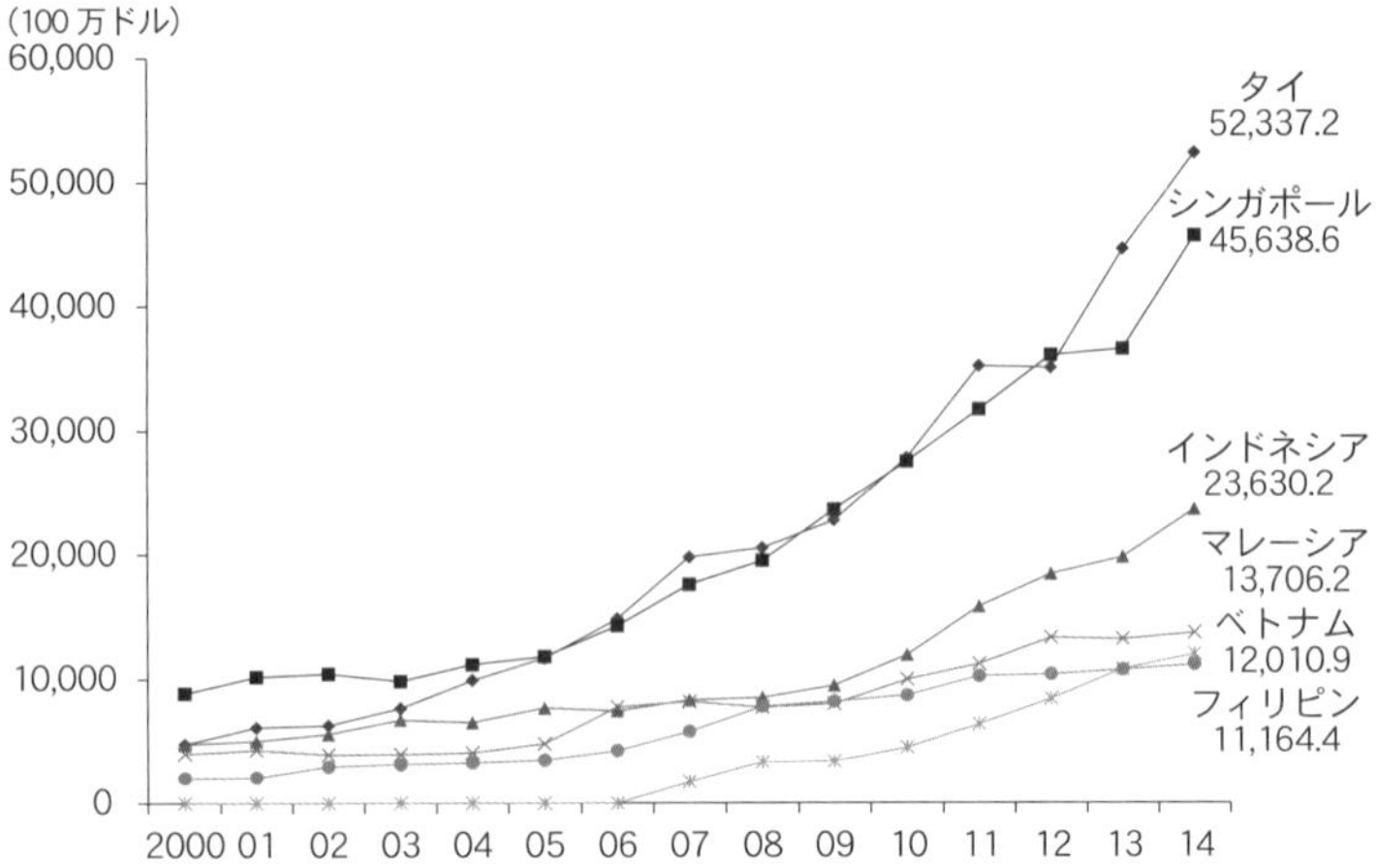

図4-7　日本対ASEAN国別直接投資残高の推移

出所：JETRO『日本の対外直接投資統計』2015年より作成.

ASEAN直接投資は日本企業を遥かに上回った勢いで進展していった。**図4-6**に示されているように、比較できる二〇〇三年から二〇一二年の日中の対ASEAN直接投資残高の平均伸び率についてみると、日本の一六・〇%に対し、中国は五五・〇%に達している。これにより、日中の対ASEAN直接投資残高の差も縮まっている。

(二) 投資先国の特徴

日本はASEAN最大の直接投資国であるが、中国は新興国として、対ASEAN直接投資が急増している。そのASEANへの投資先に関しては、**図4-7**と**図4-8**のとおりである。

まず、**図4-7**に基づいて日本の投資先についてみると、基本的にはASEANの経済・金融センターに位置しているシンガポールと日本

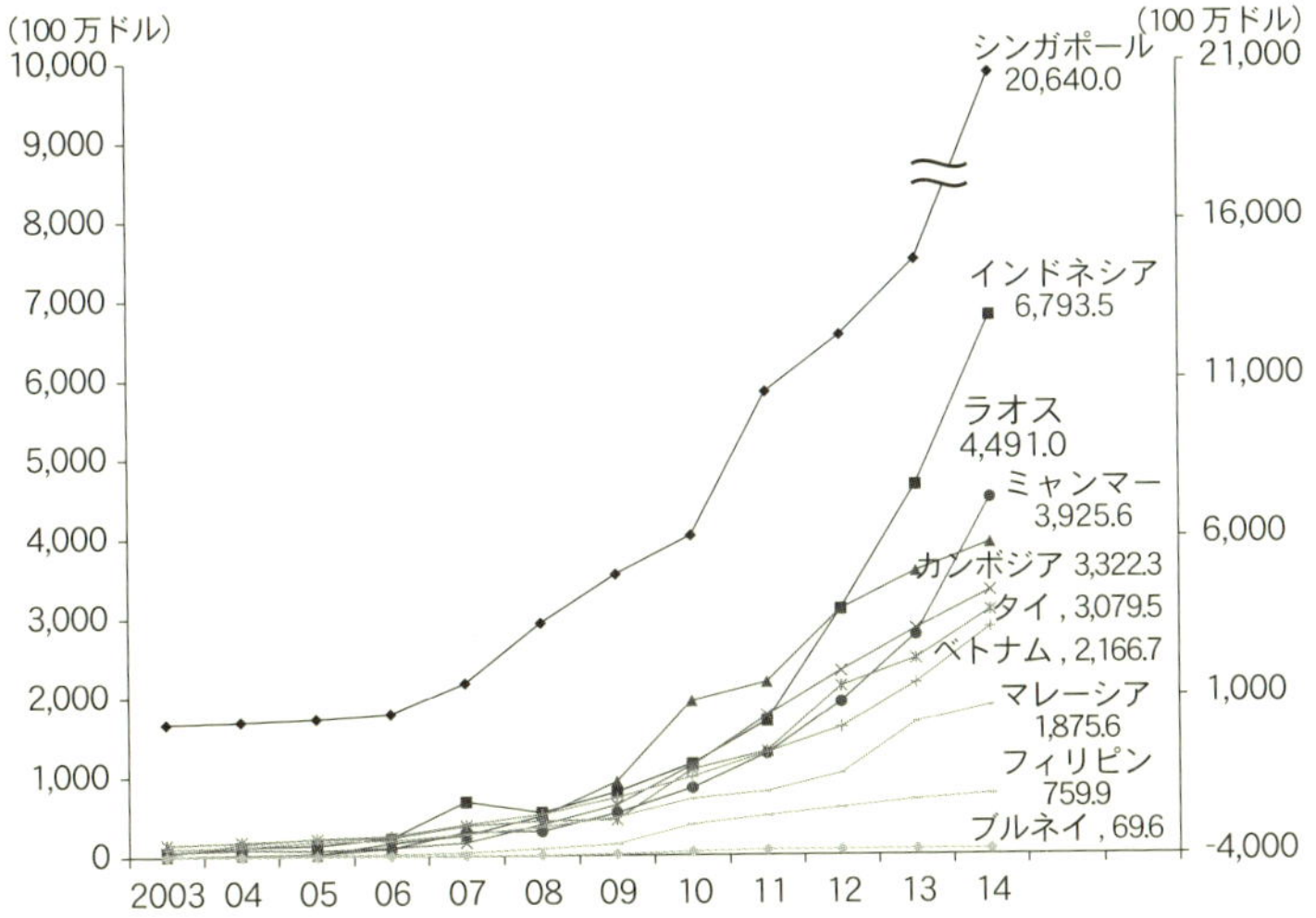

図4-8　中国対ASEAN直接投資残高の推移

出所：中国商務部・国家統計局・国家外貨管理局編『2014年度中国対外直接投資統計公報』より作成.

企業の主な生産拠点であるタイを中心としているが、二〇一一年のタイ大洪水により、二〇一二年にはタイへの直接投資が一旦冷え込んではいたが、二〇一三年には日本の自動車メーカーの現地生産拡大にともなって、再び拡大し、二〇一四年には五二三・四億ドルに達し、日本の対ASEAN直接投資残高の三六・七％を占めている。さらに、対シンガポールへの直接投資残高を加えると、そのシェアは六六・七％となる。さらに対インドネシア、対マレーシアを入れると、一三五三・二億ドルであり、日本の対ASEAN直接投資の八五・四％となっている。このことから日本の対ASEAN直接投資はASEAN先発四カ国に集中していることが伺える。しかし、こうした中の変化として、日本対ベトナム直接投資は二〇〇六年以降、急速に増加し、二〇一四年には一二〇・一億ドルとなり、フィリピン（一一一・六億ドル）を抜いて、マレーシア（一三七・一億ドル）に迫っている。最近、日本企業はＣＬＭ諸国への関心が高まってはいるが、このような国別直接投資構造からみて、現時点では、ＣＬＭ諸国への直接投資が少なく、様子をみている段階に留まっているといえよう。

一方、中国の国別投資先の構造は**図４-８**のとおり、対シンガポールの直接投資は全体の四三・二％を占める二〇六・四億ドルに上っているが、それ以外の直接投資はその他の九カ国に分散している。その中で、とくに二〇一〇年以降、資源開発を中心にインドネシアへの直接投資残高は一一・五億ドルから六七・九億ドルへと約六倍増加した。

また、日本と比べ、中国の対ＡＳＥＡＮ直接投資の中でとくに注目すべきなのは、対ＣＬＭＶ諸国への直接投資残高は一四六・一億ドル（二〇一四年）で、全体の三〇・六％を占めている。その中で、水力発電や不動産開発を中心に対ラオスの直接投資は対タイ、対マレーシアなどのＡＳＥＡＮ先発国を抜いて、第三位となっている。このことは中国の対ＡＳＥＡＮ直接投資の産業別構造と関連しているが、中国とＡＳＥＡＮ諸国との国際関係も反映されている。その中で、南シナ海で中国と激しく対立しているフィリピンへの直接投資は停滞しているのに対し、親中国のインドネシア、ラオス、カンボジアへの投資が急増し、今後、ＡＳＥＡＮ域内では中国との関係により、直接投資の受入に関して明

表４‐６　中国対ASEAN業種別直接投資残高

（単位：億ドル，％）

	2010年		2014年	
	直接投資残高	構成比	直接投資残高	構成比
リース・ビジネスサービス*	11.7	8.2	149.0	27.5
金融業	17.6	12.3	127.6	23.5
製造業	19.0	13.3	87.7	16.2
採掘業	18.4	12.8	51.0	9.4
流通業	18.8	13.1	49.7	9.2
不動産	1.2	0.8	23.8	4.4
交通輸送・保管・郵政	8.4	5.9	12.5	2.3
建設業	11.6	8.1	10.2	1.9
電力・ガス・水の生産と供給	27.8	19.3	7.5	1.4
農林漁業	5.3	3.7	4.0	0.7
その他	4.9	3.3	42.9	7.9
計	143.5	100	542.1	100

注：＊ ビジネス・サービス業は主に企業管理，法律，コンサルタント，広告，人的資源，観光旅行など，法人向けのサービス業を指している．

出所：中国国家商務部・国家統計局・外貨管理局『2010年度中国対外直接投資統計公報』，『2014年度中国対害直接投資公報』より作成．

暗が分かれてくるであろう。

（三）直接投資の業種別構造の特徴

中国の対ＡＳＥＡＮ業種別直接投資については、**表４‐６**のとおりである。そのうち、二〇一〇年時点では、ＡＳＥＡＮ域内での電力不足を解決するための開発援助と関連して、シンガポール、ミャンマー、カンボジア、インドネシア向けに、電力供給を中心としたインフラ整備への直接投資が全体の一九・三％にあたる二七・八億ドルと第一位である。第二位の製造業は全体の一三・三％にあたる一九・〇億ドルであるが、それは主に生産拠点の進出先として、ベトナム、マレーシア、タイ、カンボジア、ラオスに向けられている。第三位の卸売・小売業からなる流通業は、シンガポール、ベトナム、マレーシア、タイに、金融業は主にタイ、シンガポール、マレーシアに、リース・ビジネスサービス業は主にシンガポール、ベトナム、ラオスにそれぞれ集中している。

即ち、製造業の直接投資を中心としている日本と比べ、中国の対ASEAN直接投資は製造業以外に、水力・電力発電所の建設、エネルギー開発、不動産開発、ビジネス・サービス、卸売り・小売、金融などへの直接投資が活発である。とくにエネルギー分野ではインドネシア、マレーシアに集中しているが、水力・電力発電所、港湾、石油・天然ガスパイプラインの建設はカンボジア、ミャンマー、ラオスに集中している。製造業の分野では従来、石油化学コンビナートの建設が盛んであったが、最近、ベトナム、カンボジアへのアパレル産業の進出が目立っている。

中国の台頭とASEANにおけるその影響は、CLMVの対内直接投資においてとりわけ顕著にみられる。二〇〇〇年以降、中国の同地域への投資拡大及びその結果として電力（発電）、石油・天然ガス、鉱業のシェア拡大が顕著である。

まず発電所の建設は、中国の国有電力企業の東南アジア進出が極めて活発な分野である。例えば、中国華能集団がミャンマーで、中国大唐集団がカンボジアとミャンマーで、中国国電集団がカンボジアで、中国華電集団がインドネシアとカンボジアで、中国電力投資集団がミャンマーで、それぞれ事業を展開している。なお、これらの国有企業の進出形態は、BOT（Build, Operate, Transfer）と呼ばれる方式を採っている。つまり、中国企業が相手国政府と契約を結んで、ダムや発電設備を建設（Build）し、発電事業を運営（Operate）し、最後にその設備の所有権を相手国に移転（Transfer）している。

なかでも、とくに中国大手国有電力企業のカンボジアでの事業展開が注目される。カンボジアは自国の発電能力が弱く、必要な電力をベトナム、ラオス、タイからの輸入に依存しており、電力不足を解決するために電力市場を国外に開放している。こうした中で、中国電力技術輸出入公司は、二〇〇三年にコッコン州でキリロムⅠ水力発電所を、中国国網新源電力投資公司は二〇〇九年に同地域でのキリロムⅡ水力発電所を、中国水利水電建設集団は二〇一一年にカンポット州でカムチャイ発電所を、それぞれ稼動させた。

この他、中国大唐集団公司が二〇〇九年にポーサット州で、中国重型機械総公司が二〇一〇年にココン州で建設した発電所が稼動しており、さらに中国華電総公司が二〇一〇年にココン州で着工した発電所の建設が、二〇一四年には完成する予定である〔鄭編　二〇一三：一六三〕。

また、石油・天然ガスについても、中国が強い関心を持っており、東南アジア諸国に接近している分野である。もっとも、現時点での輸入量からすれば、CLMVを含む東南アジア諸国は、原油輸入相手先としては、中東・アフリカに比べて遥かに小さい地位しか占めていない。しかし、原油の輸入依存度が今後、七〇％以上へと上昇するとの見通しがある中で、東南アジア諸国が保有する石油・天然ガスは、中国にとってますます重要な意味を持つ。

加えて、東南アジアの鉱物資源の探鉱・開発に対しても、中国政府は積極的な働きかけを行っている。このことを最もよく示すのがラオスである。ラオス政府が事業運営権を与えた鉱区を取得した六五社の外国企業のうち、中国企業が三九社を占め、ベトナム（九社）、タイ（七社）、オーストラリア（六社）等より、圧倒的に多いのである［末廣 二〇一二］。

しかし、二〇一四年の投資残高についてみると、業種別直接投資構造が大きく変わっていることがわかる。即ち、二〇一四年時点では第一位となるのはリース・ビジネスサービスであり、中国対ＡＳＥＡＮ直接投資に占める比率は二〇一〇年の八・二％から二七・五％へと大きく上昇した。第二位の金融業も同期間の一二・三％から二三・五％へと急上昇した。これに対して、採掘業の構成比は一八・四％から九・二％へと、流通業は一八・八％から九・二％へと低下した。とくにインフラ関連の直接投資は二〇一〇年の二七・八％から一・四％へと急速に下落した。これはインフラ投資が減少しただけでなく、一部分の企業はＡＳＥＡＮから撤退し、ＢＯＴ方式で進出していた多くの電力会社は運営期間の満了により、その所有権を現地に引き渡したとみられている。

以上の考察でわかるように、中国の対ＡＳＥＡＮ直接投資は、民間企業による製造業の生産拠点の移転を中心とする日本と異なって、大型国有企業を主体に、資源確保のための資源開発及び現地のインフラ整備の需要に対応するための電力、鉄道建設などの投資を中心としている。

国の発展段階からみて、経済発展のどの段階から対外直接投資が開始されるかという経済発展段階と対外直接投資の関係に関する研究はほとんどないが、日本やアジアＮＩＥＳの経験からみると、一国の対外直接投資は開発途上国から新興工業国へと進化する段階から始まり、先進国の仲間入りの段階から飛躍的に拡大するという一般的傾向がある。

中国の経済発展段階は、まさに開発途上国から新興工業国への転換期にあり、中国・ASEANの経済協力の歴史も短い。しかし、今後、中国産業力の強化及びASEANとの経済協力関係の拡大にともなって、対ASEAN直接投資は飛躍的に拡大することが予想される。

3　中国・ASEAN経済連結性強化の新たな構想と課題

(一) 中国とASEAN経済協力の枠組み

中国とASEANの貿易は一九九〇年代から始まったが、二〇〇四年から発効した「中国・ASEAN間の包括的経済協力に関する枠組み」に盛られたアーリーハーベスト規定は双方の貿易拡大へのきっかけとなった。この間、中国とASEANは自由貿易協定、ASEAN+3首脳会議・閣僚会議、GMS（大メコン川流域開発プログラム）、「中国・ASEAN博覧会」、「広域北部湾経済協力」などの枠組みを通じて、交流を深めていった(7)。

二〇一三年に発足した習近平体制は、二〇一四年までの一〇年間を「黄金の一〇年」と位置付けた上で、これからの一〇年間も中国・ASEANの連結性強化（「互連互通」）を通じて、「ダイヤモンド

図4-9　中国・ASEAN経済協力枠組み

経済協力の枠組み
中国・ASEAN首脳会議

閣僚会議（経済・外交）

ＧＭＳ首脳会議　中国・ASEAN博覧会　広域北部湾フォーラム

中央関係官庁・地方政府による各種委員会
中国・ASEAN科技パートナー計画
中国・ASEAN互連互通協力委員会
中国・ASEAN教育交流計画（貴州）

協力分野
交通・通信，エネルギー，金融，科学技術・環境保護・知的財産権，農業・貧困撲滅，文化・教育・観光，医療・検疫・税関，メディア・民間友好など14分野

その中の重点協力分野
インフラ整備，港湾と物流，貿易投資利便化，農業，観光
環境保護，生物資源と産業

出所：関連資料より作成．

の一〇年」へとステップ・アップさせようという強い意気込みをみせている。(8)

中国とASEAN経済協力枠組みは**図4-9**のとおりである。その中で、ACFTAの促進を中心に、中国側の雲南、広西などの地方政府が主役となって、ASEAN各国との経済協力を推進している。その中でとくに雲南省はGMS開発プログラムを、広西チワン族自治区は「中国・ASEAN博覧会」、「広域北部湾フォーラム」及び各種委員会を通じて、タイ、ミャンマー、ラオス、ベトナム、カンボジア、シンガポールと活発

に連結性を強化するために幅広い分野にわたって、経済協力のあり方を模索している。その中でとくに重点となっているのは道路、鉄道、港湾、通信を中心とするインフラ整備の開発計画である。

この「ダイヤモンドの一〇年」を切り開くための重要な政策は、連結性強化であるが、現状からみて、それを実現する可能性は十分ある。しかし、中国とASEANとの連結性強化は、「南シナ海」問題や東アジアの複雑な大国関係などと絡み合って、課題も山積している。以下、その連結性強化という枠組みの内容にそって、その実現可能性と課題を述べていきたい。

(二)「2+7」協力枠組み構想

中国・ASEAN連結性強化の計画は、二〇一三年一〇月九日にブルネイで開催された中国・ASEAN首脳会議で中国の李克強首相が提起した「2+7」協力枠組み構想を基本としている。その内容は下記のとおりである。

この「2+7」の「2」とは、「第一は経済協力拡大の根本は戦略的相互信頼関係の深化と友好関係の拡大であり、第二は経済協力の鍵は経済発展であり、双方は幅広く、深く、ハイレベル、全面的な経済協力に努力すべきである」という二つの政治的認識を共有することを意味している。

「7」は前述の二つの政治的認識の共有を踏まえ、以下の七つの分野での経済協力を推進することである。

(1)なるべく早い時期に「中国・ASEAN国家親睦友好条約」を締結することにより、双方の協力に法的及び制度的保障を確立すること。
(2)中国・ASEAN自由貿易協定のステップ・アッププロセスを加速することにより、二〇二〇年には双方の貿易額を一兆ドルに拡大すること。
(3)「中国・ASEAN連結性(互連互通)強化委員会を活用して、「アジアインフラ投資銀行」設立の準備及びアジア鉄道建設を進め、連結性を強化するためのインフラ整備を促進すること。
(4)中国・ASEAN銀行連合体の充実により、通貨スワップ及び本国通貨による貿易決済の規模と範囲を拡大することにより、金融協力と為替リスクの回避対策を強化すること。
(5)「海上シルクロード」の構築及び海洋経済、漁業協力により、海上協力を着実に推進すること。
(6)災害防止、ネットワーク安全、テロ対策などを含めた非伝統的安全保障分野での交流と協力を強化すること。
(7)人文、科学技術、環境保護での交流を拡大すること。

この七つの分野は、今後、中国とASEANとの経済協力の柱となることが期待されているが、中でもとくに自由貿易協定のバージョン・アップ、アジアインフラ投資銀行の設立、アジア広域鉄道網の建設が重点項目になるだろうと期待されている。

（三）中国・ASEAN経済協力枠組みの新たな動向

中国とASEANの新たな枠組み構築において、次の動向が注目される。

今後の中国とASEANにおける経済協力枠組みの進展に関しては、とくに注目されるのは自由貿易協定のバージョン・アップである。

(1) ACFTAのバージョン・アップ

現在の中国とASEANの経済協力は、「中国・ASEAN自由貿易協定」を基軸に、二〇〇五年に物品貿易協定が発効し、二〇〇七年にはサービス貿易協定を、二〇〇九年には投資協定を締結した。二〇一〇年一月からは、中国とASEAN6とは0関税を実施しており、ASEAN後発四カ国とは二〇一五年から段階的に0関税を実施することになっている。今後、投資と貿易の分野拡大や一層の円滑化・効率化が重要な課題となってくる。

このような背景の下で、二〇一三年一〇月に李克強総理はACFTAのバージョン・アップを宣言し、以来、中国とASEANは二〇一五年までの実現に向けて、物品貿易、サービス貿易、投資協定、経済技術協力などの分野をめぐって、五回にわたって交渉を行ってきた。これにより、中国とASEANにおいて、物品、サービス、投資など、幅広い分野での更なる自由化と効率化だけでなく、金融、インフラ整備での経済協力が一層促進されるであろうことが期待される。

(2) アジア鉄道網の建設

現在、中国とASEANの連結性を強化するための開発計画の中で、中国側はとくに関心を持っているのはアジア鉄道網開発計画である。前述した中国・ASEAN自由貿易協定のバージョン・アップも、AIIBの設立も、その狙いの一つはアジア鉄道網の整備計画の推進にある。

ASEANは早くも一九九五年には「アジア広域鉄道網計画」に合意し、その計画の実施を着実に進めている。中国もこの鉄道網計画における中国側の鉄道建設を「中国鉄道中長期発展計画」に組み入れ、この鉄道網計画の実施に積極的に対応している。こうした中で、GMS開発における南北経済回廊の開発計画に合わせて、雲南省は昆明からハノイ、広西チワン族自治区は南寧からハノイの鉄道建設計画を推進しており、将来、ASEANの「昆明―シンガポール鉄道」につなげて、南寧からシンガポールまでの経済回廊を構築しようと活発に動いている。

最近の注目すべき動向としては、中国とタイのこの鉄道網建設計画における協力である。タイは周辺国との物理的連結性を強化するため、ミャンマー、ラオスとの越境鉄道建設の計画を作成しており、[9]中国もこれに積極的に対応している。[10]

最近、中国はインドネシアとは、ジャカルターバンドンの鉄道建設を決定、ラオスとは昆明―ビエンチャンまで長距離鉄道建設が着工し、中国・タイの鉄道建設契約も締結した。[11]将来、中国はこの鉄道をマレーシア、シンガポールまでに伸ばして、東南アジア横断鉄道の建設にも参入しようとすることも浮き彫りになっている。

中国はＡＳＥＡＮでの鉄道建設に関しては、日本と競合してはいるが、以上より中国はＡＳＥＡＮにおける鉄道建設への参入は着々と進めていくといえよう。

むすびにかえて

前述したように、二〇〇〇年以降、中国とＡＳＥＡＮの貿易・投資の拡大にともなって、その経済連結性は確実に強まっていった。しかし、中国とＡＳＥＡＮの関係は、単に経済関係だけでなく、東アジアの既存の国際秩序と中日米などの大国間の複雑な政治・軍事関係と絡み合って、まったく異なる二つの側面を内包している。

まず、経済の面からみれば、ＡＳＥＡＮにとって世界第二位の輸入国としての中国は欠かせない市場であり、経済力が強くなった中国にとっても、ＡＳＥＡＮに対する市場開放、直接投資、金融協力及び資金援助などの面で、ＡＳＥＡＮとの経済協力を促進するメリットは大きくなっており、連結性強化の潜在力は非常に大きいといえよう。

一方、難しい東アジア国際関係の中で、中国とフィリピン、ベトナムとの「南シナ海」問題の深刻化、中日関係の悪化、ＡＳＥＡＮの中国経済への過度の依存に対する不安、日米の中国台頭への警戒心及び日本の中国に対する強い牽制政策などの複雑な要素は、中国とＡＳＥＡＮ経済協力を阻害するマイナス要因となっている。とくにＡＳＥＡＮを舞台にした中米の駆け引きの激化、価値観外交を盾にした日本の対中牽制、ＴＰＰを利用して、ＲＣＥＰに対抗する「中国包囲網」政策などは、中国とＡＳＥＡＮ経済連結性強化の計画に向けた各国の取り組みに足並みの乱れをもたらすであろうと予想される。

東アジアはいま、ＡＳＥＡＮや中国など新興国の台頭により新旧秩序の転換期にあり、中国とＡＳＥＡＮとの経済協力は単に経済要因だけでなく、政治・軍事などの地政学要因にも左右されており、中国もＡＳＥＡＮも経済協力への舵取りが難しくなりつつある。中国は日米の牽制を回避しながら、ＡＳＥＡＮとの連携性を強化しようと努力してはいるが、いかにこれら地政学リスクを回避するかは、避けてとおれない課題となっている。

注

(1) 中国・ＡＳＥＡＮのＦＴＡでは完全な関税引下げを実施している。その「物品貿易協定」によると、中国とＡＳＥＡＮ6との間では、センシティブ商品を除いて、二〇〇五年には四〇％の商品、二〇〇七年には六〇％の商品の関税を五％以下に引き下げ、二〇一〇年一月から九〇％の商品に対し0関税を実施した。これにより、中国対ＡＳＥＡＮの平均関税率は従来の九・八％から〇・一％に引き下げられた。また、中国とＡＳＥＡＮ4との間では、二〇〇九年に四〇％の商品の関税を五％以下に引き下げ、二〇一三年に四〇％の商品、二〇一五年にすべての商品に対し０関税を実施する計画である（中国国家商務部「中国・ＡＳＥＡＮの関税引下げプロセス」）。

（２）中国産業の国際競争力の強化に関しては唱［二〇一一ａ］を、日系企業の対ＡＳＥＡＮ生産拠点の移転による中国華南地域からＡＳＥＡＮへの輸出拡大に関しては、池部［二〇一三］を参照されたい。

（３）貿易特化係数は（輸出－輸入）／（輸出＋輸入）で算出されているが、その意味は１に近付くほど産業の国際競争力が強く（競争優位産業）、－１に近付くほど産業の国際競争力が弱い（競争劣位産業）のであり、０に近付くほど産業内国際分業が発達するということである。

（４）中国の資本財産業の輸出拡大と東アジア生産ネットワークの変化に関しては、唱［二〇一五］を参照されたい。

（５）Ａ国とＢ国の経済的連結性を表すには輸出依存度と輸出結合度という二つの基準がある。輸出依存度は輸出国からみた相手国との経済的連結性の強さを示すものであるのにたいして、輸出結合度は（Ａ国対Ｂ国の輸出依存度）／（世界対Ｂ国の輸出依存度）で示され、世界全体の貿易量を基準として、両国間の貿易関係がこの基準からどの程度かけ離れているかを示すものである。この数値が１を上回れば、貿易の緊密度が高いとされている。両者は一致する場合もあるし、乖離する場合もある。

（６）二〇一四年現在、中国の対世界直接投資残高は八八二六・四億ドル、対アジア直接投資残高は六〇〇九・七億ドルである［中国国家商務部・国家統計局・国家外貨管理局編二〇一五：一八―一九］。

（７）中国・ＡＳＥＡＮ経済協力の枠組みに関しては、唱［二〇一五］を参照されたい。

（８）二〇一三年一〇月に開催されたＡＰＥＣ首脳会議に際して、習近平主席がインドネシア、マレーシアを訪問した時、初めて「ダイヤモンドの一〇年」を切り開く構想及び「中国・ＡＳＥＡＮ運命共同体」構想を提起し、その具体的な政策としては、同時期に開催された東アジアサミットに参加した李克強首相が「２＋７」枠組みを提案し、その後のブルネイ、タイ、ベトナムの訪問で、各国首脳に積極的に働きかけた。

（9）タイでは二〇一三年に憲法裁判所審議中の「タイインフラ整備推進のための二兆バーツプロジェクト」の中で、鉄道システムの改善のために三〇八三億バーツの予算を計上している。その目標は貨物列車の平均速度を時速三九キロメートルから六〇キロメートルに、旅客列車の平均速度を時速六〇キロメートルから一〇〇キロメートルに、貨物輸送における鉄道のシェアを二・五％から五％に引き上げるとされている（JETROタイ事務所へのインタビュー）。

（10）二〇一三年一〇月に李克強総理はタイを訪問した際、中国のタイ鉄道の建設について、インラック首相（当時）との間で今後五年間、タイから一〇〇万トンの米を輸入するという「お米と鉄道の交換」構想も示した。当初、二〇一四年には入札を開始する予定であった。その後、タイのクーデターにより中止されたが、最近新たな進展がみられたという（『京華時報』二〇一四年八月四日）。

（11）『人民日報』（海外版）、二〇一五年一二月三日。

第5章 大メコン圏開発とCLMV諸国の経済成長

はじめに

メコン川は中国のチベット高原を源流とし、チベット自治区と雲南省を通り、ミャンマーとラオスとの国境、タイとラオスとの国境を経て、カンボジアを突っ切り、ベトナム南部のメコン・デルタから南シナ海に注ぐ全長四八〇〇キロメートルの国際河川である。かつて、一九六〇年代のベトナム戦争や一九七〇年代以降のカンボジア紛争により引き裂かれたこのインドシナ半島は一九九一年に「カンボジア平和協定」の締結により、「戦場から市場へ」の歴史的な転換を迎え、インドシナ半島の平和を象徴する「メコン地域」時代の幕を開けた。

その後、一九九二年にアジア開発銀行（ADB）主導の大メコン圏（GMS）開発プログラムの実施にともなって、ベトナムは一九九五年、ミャンマーとラオスは一九九七年、カンボジアは一九九九年に相次いでＡＳＥＡＮへの加盟を果たした。その頃、経済成長を遂げたタイは、このような情勢変化を受けて、周辺国と経済関係を発展させることは国益だと認識し、ベトナム、ラオス、カンボジア、ミャンマーなどの周辺国との経済交流に積極的に取組んでいった。また、改革・開放を始めた中国も内陸地域の開発を促進するために、近隣の東南アジア諸国との経済交流に関心を持つようになっており、この「メコン地域」を舞台とする国境横断的な経済開発が始まった。

その後、ＡＳＥＡＮは「ＡＳＥＡＮディバイド」（経済格差）の問題解決を重要な課題として掲げられ、ＡＳＥＡＮ後発国であるＣＬＭＶ諸国の経済開発への支援を始めた。こうした中で、タイのチャーチャーイ内閣は「インドシナを戦場から市場へ」という新政策を実施し、ＡＤＢのＧＭＳ開発プログラムの実施に積極的に呼応し、この地域における越境経済開発のけん引役として、周辺国との開発協力に乗り出した。

これらの開発政策の効果として、二〇〇〇年以降のベトナム経済は順調に成長し、すでにＡＳＥＡＮ後発国を卒業した。ＣＬＭ諸国は依然として、ＡＳＥＡＮ先発国とは大きな経済格差を抱えているにもかかわらず、タイからの分散化投資が進む中で、安い人件費を武器に、新たな産業集積地域になりつつある。因みに本章はメコン川流域の経済開発の現状を明らかにした上で、経済回廊における物流と産業集積地域の形成の現状と課題を紹介したい。

1　ADB主導の大メコン圏開発（GMS）プログラム

（一）史的展開

メコン川流域開発の歴史は、一九五七年に国連の呼掛けでタイとインドシナ諸国による「メコン委員会」が組織され、総合開発プロジェクトが議論され始めたことから始まる。しかし、その後インドシナ半島では長らく戦火が続き、「メコン委員会」は十分に機能しなかったが、本格的な国際開発が始まったのは、ＡＤＢ主導の「大メコン圏開発（ＧＭＳ）プログラム」であった。

一九九〇年代から再び、幹線道路や発電所の建設を軸に経済社会の広い分野で国境横断的な開発事業を主導しているのはＡＤＢであるが、その起源は、一九八七年一〇月に決定したラオスのセセット水力発電所の建設である。「この発電所は一九九一年一一月に完成し、四万五〇〇〇kw/hの発電量の大部分はタイに輸出され、同国の増大する電力需要の一部分を満たすと共に、ラオスにとっても貴重な外貨獲得源ともなっており、国境地帯で武力衝突を繰り返していたタイとラオスの関係改善のきっかけともなった」［小笠原 二〇〇五：四三］。

この水力発電所の成功を踏まえて、ＡＤＢは積極的にメコン川流域の国際開発を関与するようになり、一九九二年一〇月にはＡＤＢマニラ本部で開催された経済閣僚会議で、タイ、ラオス、ミャンマー、ベトナム、カンボジア、中国の雲南省が参加するGMSプログラムの始動に漕ぎ着けており、二〇〇四年には中国の雲南省と広西チワン族自治区が加わって、五カ国二地域の枠組みとなった。

GMSプログラムの事業内容は一九九二年には①交通、②通信、③エネルギー、④環境、⑤人的資源開発、⑥貿易・投資などの六つの分野が含まれているが、その後、観光、投資、農業を追加して、九つの分野に拡大した。

このGMSプログラムは一九九二年から一九九六年にかけての協力枠組みの構築と開発案件の発掘を中心とする準備段階、一九九七年から二〇〇一年にかけての開発プロジェクトの実施段階、二〇〇二年から現在までの戦略的枠組みの構築段階など、主に三つの段階を経て、進展されてきた。(1)

とくに第二の実施段階では、第一の準備段階で採択されたプロジェクトの実施開始やタイ、ラオス、ベトナム三カ国間の越境交通協定の締結などにより、南北経済回廊、東西経済回廊、南部経済回廊の国際開発は本格的に動き出したのである。

さらに第三の戦略的枠組み構築段階では、首脳会議の開催(2)、経済閣僚会議の定期開催などの面で大きく進展した。とくに二〇〇二年にプノンペンで開催された第一回首脳会議で採択された「GMSプログラム一〇カ年サブリージョン戦略フレームワーク」の中で、①南北経済回廊、②東西経済回廊、③南部経済回廊、④基幹通信回線、⑤地域電力系統接続と電力取引調整、⑥越境貿易・投資の促進、⑦民間部門参加と競争力の強化、⑧人的資源と技能開発、⑨戦略的環境枠組み、⑩洪水制

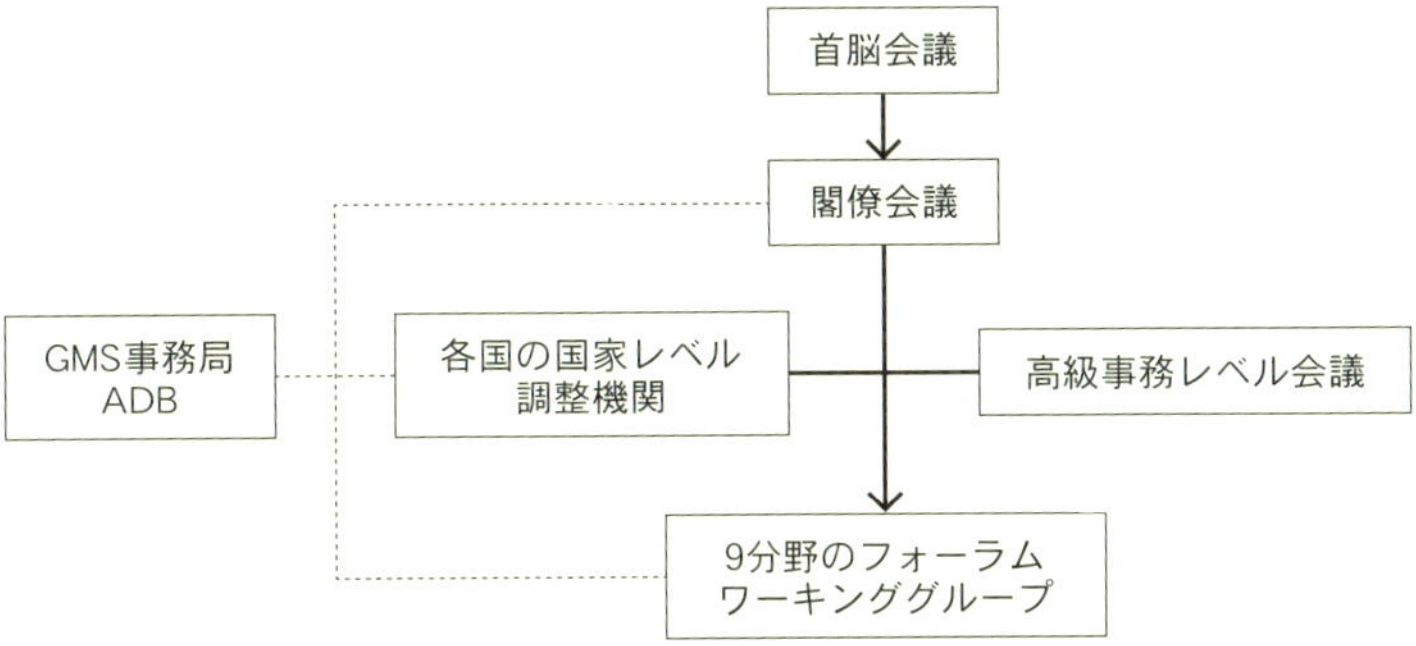

図5-1　GMSプログラムの枠組み

出所：ADBより作成.

御と水資源管理など、一〇のフラッグシップ・プロジェクトを採択し、越境回廊形成を目指す将来目標を明示した［春日二〇一四］。それ以降、インフラ整備だけでなく、情報通信、電力、環境、農業、観光、教育と人的資源開発などの分野での開発と協力も大幅に進展したのである。

（二）国際開発協力の枠組み

図5-1のとおり、GMSプログラムの枠組みはADBを事務局にして、首脳会議、閣僚会議、各国の国家レベル調整機関、高級事務レベル会議、九分野のフォーラム・ワーキンググループからなっているが、各国の首相府や財政金融、計画経済部門の閣僚により構成される経済閣僚会議と対象分野ごとの実務者により構成される作業部会はGMSプログラムを運営していくこととされている。

GMSプログラムの最大の特徴はオーナーシップの重視であり、具体的なプロジェクトに関しては、参加国はそれ自身の課題として、責任を持って主体的に推進している。このオーナーシップの延長線上としては、「成果志向」を重視する姿勢を取っている。即ち、六カ国の全会一致を志向せず、二カ国以上が合意したところから経済協力を具体化するとともに、それに他の諸国が遅れて、合流するのも可能とされた［小笠原 二〇〇五：四五］。

ＡＤＢは事務局として、メンバーやドナーの間の仲介及び調整機能を果たすことが原則とされているが、資金の提供と技術的なアドバイザを行う他、ＧＭＳプログラムのオーガナイザーとして、各国政府の対話による開発政策の調整と利害関係の調整、閣僚会議及び分野ごとのフォーラムの開催、ＧＭＳプログラムのビジョン作成など、イニシアチブの役割を果たしている。その最大の成果はメコン流域六カ国間の越境交通協定の締結であった。

この越境交通協定は道路などのハードなインフラ整備と共に、通関手続きの簡素化により、国境を越えるヒト・モノの自由な移動を促進するための制度の整備を促進しようとするものであるが、ＡＤＢのイニシアチブで、一九九五年に開催された第二回サブ地域交通フォーラムで提起され、一九九九年にタイ、ベトナム、ラオスが、二〇〇一年にカンボジアが、二〇〇二年に中国が、二〇〇三年にミャンマーが署名したことで、六カ国の合意が形成された。この越境交通協定の締結は経済回廊におけるヒト・モノの自由な移動を妨げる制度的な障壁を撤廃するために重要な役割を果たしている(3)。

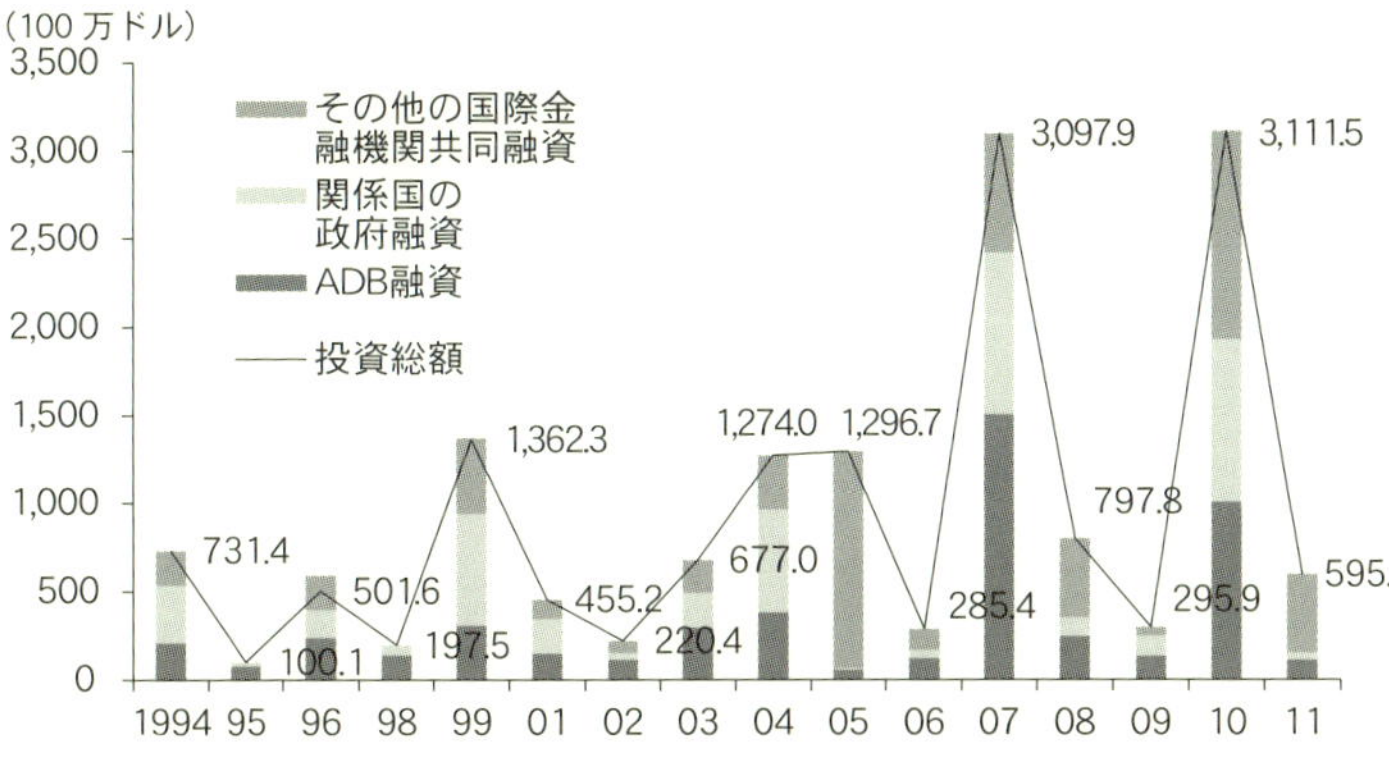

図５-２　GMS プログラムの融資構造

出所：呂・王編［2013］のデータ（ADB）より作成.

（三）成果と課題

二〇一一年末までにGMSプログラムは五六のプロジェクトを実施し、その投資総額は一五〇億ドルに達した。その中でADBからの融資総額は五一億ドル、GMS関係国の政府融資は四三億ドル、その他の国際金融機関共同融資は五六億ドルであった。この中で、とくに注目すべきことはADBのイニシアチブで、世界銀行（WB）、欧州投資銀行（EIB）、OPEC、世界衛生機関（WHO）などの国際金融機関及び日本国際協力銀行（JBIC）、フランス、ディンマーク、フィンランド、オーストラリア、韓国、タイ、マレーシア諸国の政府系開発銀行の共同融資はGMSプログラム融資総額の三割強となっていることである（**図５-２**参照）［呂・王編 二〇一三：三二四］。

GMSプロジェクトは道路、鉄道、空港、水力発電所、観光インフラ、都市建設など、幅広い分野にわたっ

図5-3　メコン地域における経済回廊の現状

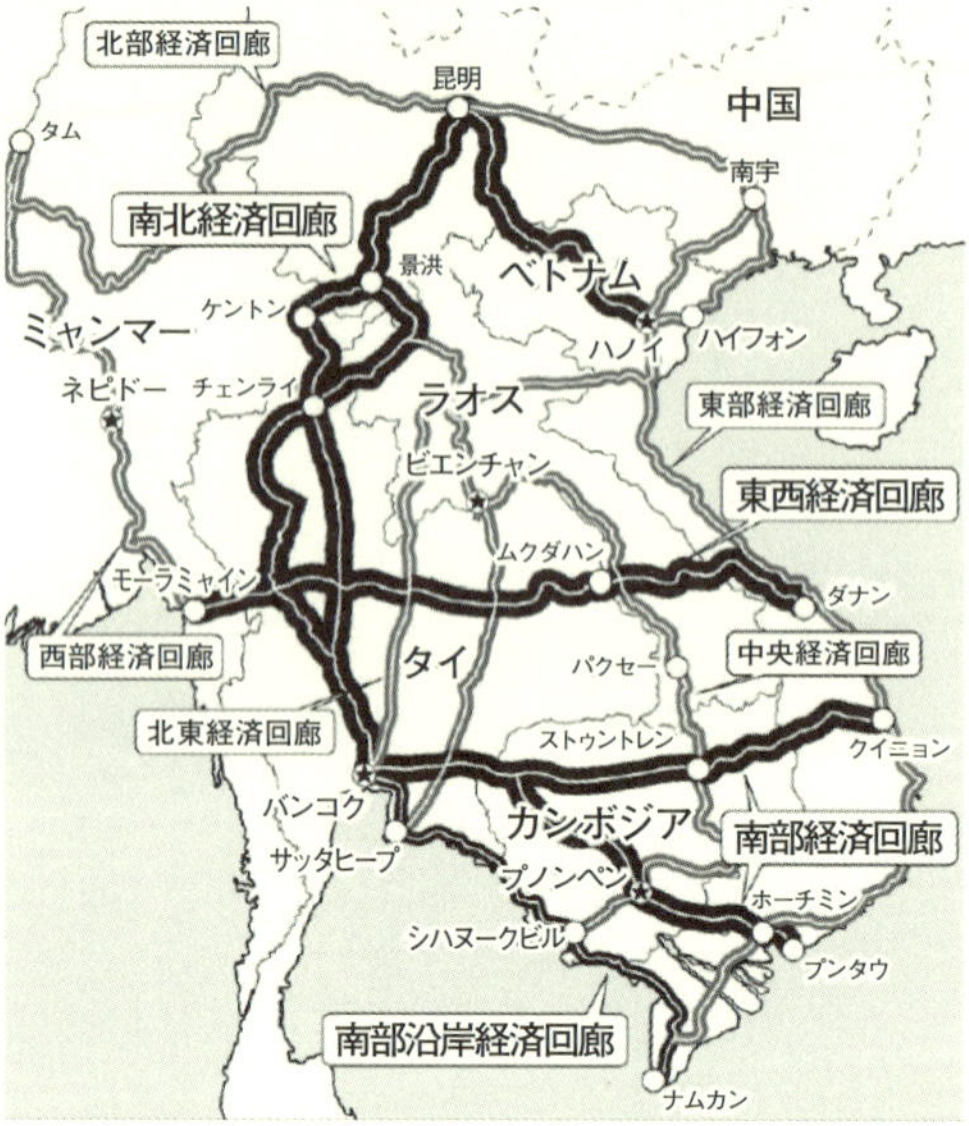

出所：ADB資料よりJOI作成.

ているが、その中の八割は道路建設であった。これにより、南北経済回廊（約一八〇〇キロメートル）、東西経済回廊（一五〇〇キロメートル）、南部経済回廊（一〇二四キロメートル）の三つのルートにおいて、ミャンマーからバンコクまでのルートを除いて、ほぼ全線開通しており、メコン地域の交通状況を大幅に改善している（**図5-3**参照）。これにより、インドシナ半島諸国間の経済連結性を強めるだけでなく、ＡＳＥＡＮディバイド問題の解決及び地域統合の促進にも寄与している。こういう意味ではＡＤＢ主導のＧＭＳプログラムは複雑な国際関係の中で、途上国同士の協力による地域共同開発において、数少ない成功事例である。

しかし、メコン地域における膨大なインフラ整備の資金需要に対し、ＡＤＢの融資に依存するだけでは限界があるだけでなく、開発重点プロジェクトに関しては、ＡＤＢと中国との間に意見の食い違いもある。それゆえ、このメコン地域において、ＡＤＢ主導のＧＭＳプログラム以外に、タイも周辺国との経済連結性を強化するための独自な開発計画もあるし、中国も最近、ＡＳＥＡＮとの経済協力強化の一環として、資金援助、港湾、鉄道の建設、情報通信網の整備などを通じて、この地域の開発協力に積極的に関与している。

また、メコン地域五カ国二地域間には越境交通協定が締結されているにもかかわらず、通関書類の統一化、貨物の積替え時間の短縮化、多国間輸送ルートの整備などの面で依然として多くの課題が残されている。

2　タイの国境地域開発と周辺国への産業移転

メコン川流域の開発において、ＡＤＢのＧＭＳ開発プログラムの他、タイはインドシナ半島の先発国として、中心的な役割を果たし、独自の開発計画を展開している。一九八〇年代半ばから外国資本の導入を背景に工業化をスタートさせたタイは、一九八五年から一九九五年までの一〇年間、年平均九％以上の伸び率で高成長を続けていった。一九九七年の「アジア通貨・金融危機」により、経済は大きな打撃を受けたものの、その後、急速な回復をみせた。二〇一四年の一人当たりＧＤＰは五四四四ドルに達し、ＡＳＥＡＮの中でシンガポール、ブルネイ、マレーシアに次ぐ第四位となり、輸出も自動車や電子・電気製品などの工業製品を中心としており、東南アジアにおける代表的な工業国となった。

タイは一九八〇年代後半からＣＬＭＶ諸国の市場経済化への動きに呼応して、一九八八年のチャーチャーイ内閣の発足を契機に、「インドシナを戦場から市場へ転換させる」という標語のもとに、ＧＭＳ開発プログラムに沿った国境経済圏構想や産業の国際競争力強化の観点から周辺国との経済協力を強化しながら、広域経済圏の形成に積極的に取り組んできた。とくに二〇一一年バンコク大洪水、二〇一二年四月から法定最低賃金の引き上げ、国内失業率の低下による雇用確保難などにより、産業集積の周辺国への広がりを加速させた。これにより、タイと周辺のＣＬＭ諸国との国境特別経済開発区を中心に、大メコン圏開発におけるタイの中核的役割の増大と同地域における新たな生産ネットワーク形成の動きも加速するようになった。

（一）タイにおける工業の分散化政策と近隣諸国との経済協力

タイのＣＬＭ諸国に対する経済協力政策はその国内における工業の分散化政策や地方経済振興と密

接に関連して展開されていた。タイは多くの開発途上国にみられるように、工業化の恩恵を受けた首都圏と農業に依存している地方経済との格差がみられる。恒石隆雄によれば、「一人当たりＧＤＰでみれば、バンコク首都圏ともっとも貧困である東北地方の経済格差は、一九八五年の七・一倍から一九九三年の九・六倍へと拡大し、その後格差は縮小傾向にあり、二〇〇三年には七・五倍となっている」［恒石 二〇〇五］。そのため、一九七〇年代から首都圏と地方の経済格差を意識して、地方都市の開発と工業の分散化政策を推進してきた。これらの政策は効果が挙げられないため、一九八〇年代後半から地方工業団地の設置により、工業団地への外資導入に取り組んできた。こうした工業の地方分散化政策を推進している内に、如何に周辺国との経済協力を行うかという政策課題も提起されていた。

タイはＣＬＭなど周辺国とは、陸地でつながっており、周辺国と経済協力を行う有利条件を十分備えているにもかかわらず、従来から周辺諸国の政治変動、社会不安等により、難民や不法労働者の流入、麻薬の密輸、国境紛争などに悩まされて、経済関係はほとんどなかった。しかし、一九八〇年代後半、ベトナムによるカンボジア占領軍の撤退宣言、ベトナムとラオスにおける経済自由化路線の開始、カンボジア平和以後のメコン地域開発への関心増大など、タイを取り巻く国際環境が大きく変化した。

これらの変化に呼応して、一九八八年八月に発足したタイのチャーチャーイ内閣はインドシナ政策を「戦場から市場へ」と大きく転換し、タイを中心として、ＣＬＭ諸国を含む広域経済圏の構築に取り組み始めた。そのための構想としては、ＧＭＳ開発プログラムに沿った開発計画の他、タイでは一九九二年から「東南アジア大陸金融センター構想」（バーツ経済圏構想）、マラヤ半島を視界に収める「北の成長の三角形」構想、タイ、ラオス、中国雲南省、ミャンマーを結ぶ「四角形経済圏」構想などが、次々と浮上していたのである。

これらの広域経済圏構想は一九九七年の「アジア通貨・金融危機」により、一時的に後退したが、二〇〇〇年以降、タイ経済の急回復により、再提起された。二〇〇三年四月にタクシン首相（当時）はタイ、カンボジア、ラオス、ミャンマーを対象とする「経済協力戦略（ＥＣＳ）」構想を提起し、一一月に行われたＥＣＳ第一回首脳会議（ミャンマーのバガン）で、「エーヤワディー・チャオプラヤー・メコン経済協力戦略」（ＡＣＭＥＣＳ）として発表すると同時に、「バガン宣言」及び「行動計画」が採択された。[4] 小笠原論文によれば、このＥＣＳ構想は基本的にはチャーチャーイ内閣の広域経済圏構想の延長上に位置付けられるが、その狙いは①近隣三カ国との経済協力の深化を通じて、自国産業の国際競争力を高め、中国市場への輸出拡大、②タイにおける西側世界への関心の増大、③「勢力圏の形成による国際発言力の増大などである［小笠原 二〇〇五］。

ＡＣＭＥＣＳ構想の協力分野は①貿易と投資、②農業、③工業、④輸送リンケージ、⑤観光、⑥人的資源開発、⑦保健衛生などであるが、その目標は二〇〇三年から二〇一二年にかけて、①国境に沿った地域の競争力の向上と成長の促進、②比較優位を持った場所に農業と製造業の移転促進、

③所得格差の縮小と雇用機会の創設などであった。その狙いは次の二つある。

第一はＧＭＳ開発プログラムにおける中心性の維持。タイを中心とするＥＣＳ構想はＧＭＳ構想を局地的に補完する対策として、ＧＭＳ地域の経済統合に有利な条件を作り出すことにより、ＧＭＳ開発プログラムにおけるタイの中核的な役割を果たそうとしていること。

第二は規模の経済性の拡大。益々、巨大化しつつある中国に対抗するために、経済規模の小さいタイにとって、周辺諸国との経済連携を通じて、経済規模を拡大し、規模の経済性を確保しようとすることである。

タイは二〇〇〇年以降、このような開発構想を元に、ＣＬＭ諸国との間、資金援助、インフラ整備を中心に、国境経済特別区の開発に取り組んでいった。以下、タイとＣＬＭ諸国との国境経済特別区開発の進展状況を考察したい。

(二) タイと周辺諸国との国境経済地域の開発

ＣＬＭＶ諸国はミャンマーを除いて、一九九〇年代初頭から市場経済化を実施し始め、一九九〇年代後半に相次いでＡＳＥＡＮ加盟により、対外開放の軌道に乗り出した。とくに二〇一〇年以降、中国やタイにおける人件費の上昇にともない、「チャイナ・プラス・ワン」、「タイ・プラス・ワン」の受け皿として、経済特区の設置や外国企業の誘致に積極的に取り組んできた。現在、タイに近隣して

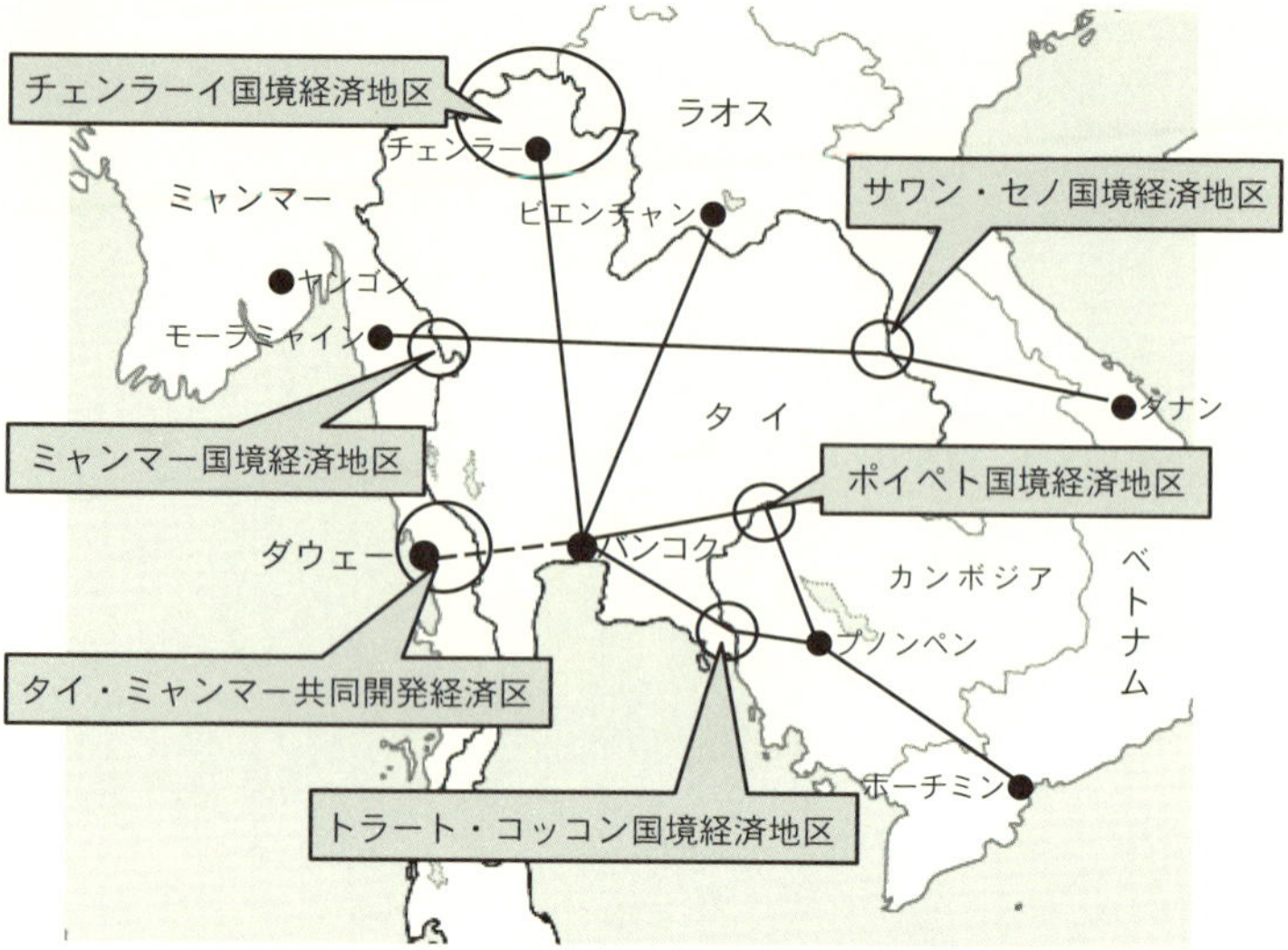

図５-４　メコン川経済地域５カ国の国境経済地区

出所：恒石［2005］より筆者作成.

いるＣＬＭ諸国におけるハード、ソフト両面のインフラ整備は完全に整ってはいないが、経済特区に進出する外資系企業は年々増加し、それによる工業製品の輸出拡大や新たな産業集積の形成が順調に進んでおり、東アジアの新・新興国として脚光を浴びている。

一方、タイは地方拠点都市の開発と地方への工業団地の分散化による地方振興政策の成果を挙げるために、一九九〇年代から地方拠点都市の開発構想をＧＭＳ諸国との国境経済圏の開発戦略へと転換・拡充した。とくに二〇〇〇年以降、南北経済回廊や東西経済回廊に沿った国境の県をＧＭＳ諸国へのゲートウェイとして、国境経済圏と地域開発拠点を設置し、タイと近隣諸国の双方が相対的に貧しい国境地域を繁栄させようとする地方開発政策を一層強化した(5)。現在、タイ国内の国境経済圏ならびに地域開発拠点としては、南北経済回廊に沿っては、チェンラーイ、ランパーン等、東西経済回廊に沿っては、ターク、ピサヌローク、ムクダハーン等、南部経済回廊に沿っては、サケーオ、トラートなどの県がある。

それらの国境経済圏は、**図5-4**に示されているように、南北経済回廊の北端にあるチェンラーイ国境経済地区、東西経済回廊の西のターク県にあるターク国境特別経済地区、東西経済回廊の東のムクダハーン県にあるムクダハーン・サワンナケート（サワン・セノ）国境経済地区、南部経済回廊にあるアランヤプラテート・ポイペト国境経済地区、トラート・コッコン国境経済地区、ダウェー経済開発地区などがある。

チェンラーイ国境経済地区では、チェンラーイを起点として、西のマーサイ税関を通じてミャンマー、メコン川のチェンセーン港税関を通じて中国雲南省、チェンコン税関を通じて、ラオスとの国境貿易を行っている。

また、二〇一一年のバンコク大洪水及び二〇一二年からの人件費上昇などにより、タイに進出している外資系企業は、「タイ・プラス・ワン」として、小規模ではありながら、タイとラオスの国境にある「ムクダハーン・サワンナケート国境経済開発区」、タイとカンボジアの国境にある「アランヤプラテート・ポイペト国境経済地区」や「トラート・コッコン国境経済地区」、さらにプノンペン経済特区などへ、機械部品産業の労働集約的な生産工程の移転がみられており、タイを中心とするサプライチェーンは、カンボジア、ラオスへと拡大し始めている。そのため、タイを中心とするメコン地域において、各国の経済発展段階の格差に基づく新たな国際分業ネットワークが形成しつつある。(6)

なお、最近、タイと周辺国との経済特区の開発に関して、注目されているのはタイとミャンマーのダウェー共同経済区の開発である。ダウェーはタイバンコクの西約三〇〇キロメートルに位置し、ホーチミン、プノンペン、バンコクなどの大都市を結ぶ南部経済回廊の西側ゲートウェイとして、アンダマン海を通じて、インド、中東、欧州とつながっている。そのため、ダウェー港の開発はタイ政府と産業界の悲願である。

タイの建設大手会社イタリアン・タイ・デベロップメント（ＩＴＤ）は一九九四年に事業調査に着手し、総事業費一兆円の大規模な開発構想を示したが、一九九七年の「アジア金融・通貨危機」により、一時的に中断した。その後の二〇〇八年にタイとミャンマー両政府は開発協力で政府間覚書の締結、二〇一〇年にはＩＴＤはミャンマー港湾当局と深海港、工業団地、道路、鉄道の開発事業契約の枠組み協定（六〇年の事業権、七五年までの土地賃貸権）の締結による開発権の取得、二〇一一年にミャンマーはダウェー経済特区法成立、二〇一二年にタイ・ミャンマー両政府は新たな覚書の締結と六部会からなる共同委員会の設立など、開発準備が急ピッチで進んでいた。しかし、資金調達が進まず、開発権を喪失した。(7)

その後、日本政府の参画により開発計画が進み、二〇一五年八月にはミャンマー政府は再び、同経済特区の開発権をITDに付与し、将来、総面積二万ヘクタール（初期段階二五〇〇ヘクタール）で、大型船も着岸可能な港湾（水深二〇m）及び製鉄所、製油所、発電所の建設により、現在、輸出加工を中心とするヤンゴン近郊のティラワ工業団地より一〇倍以上の規模で、重化学産業を中心とする経済特区を建設しようと開発計画を進めている。(8) タイ政府はこのダウェー経済特区を建設する狙いは、重化学産業の育成により、産業基盤を強化しようと考えているが、現在の段階ではその資金調達はまだ、確定したわけではなく、行先は不透明である。

(三) タイとCLMV諸国との経済関係の進展

(1) タイの対CLMV輸出の推移

ASEAN先発国としてのタイは経済成長にともなって、周辺国への影響力も高まっている。二〇〇〇年から二〇一三年にかけて、タイの世界向けの輸出は六八九・六億ドルから二二四八・六億ドルへと三・三倍増加した。その中で、ASEAN域内向けの輸出は二〇〇〇年の一三三・四億ドルから二〇一三年の五八三・六億ドルに四・四倍増を果たしたのに対し、中国向けの輸出は二八・一億ドルから二六八・一億ドルへと約一〇倍弱増加し、中国はタイにとって、第一位の輸出相手国となった。(9)

また、**図5-5**に示されているように、同期間におけるタイのCLMV諸国向けの輸出は

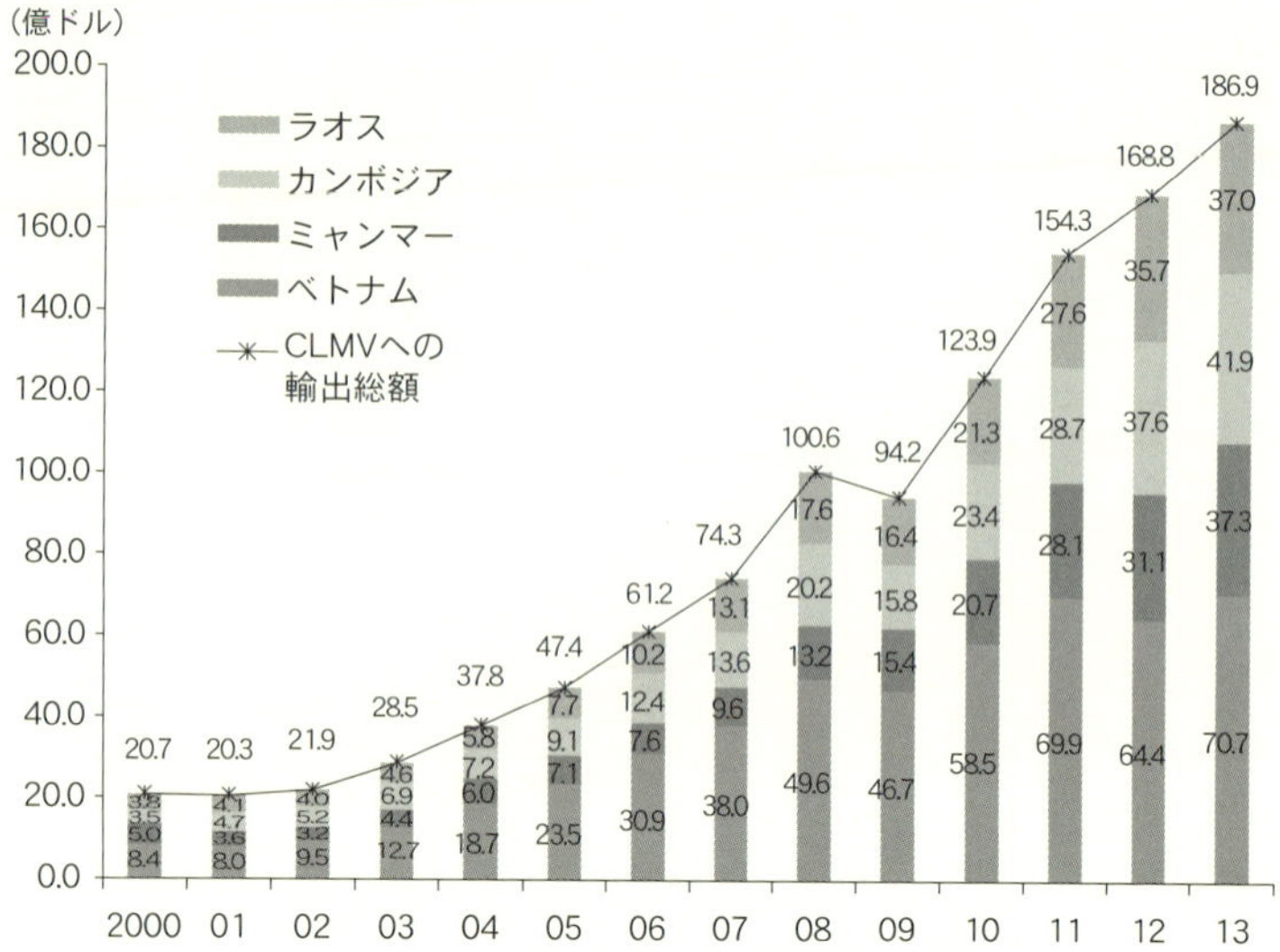

図5-5　タイ対CLMV諸国輸出の推移

出所：IMF, *Direction of Trade Statistics* より作成.

二〇・七億ドルから一八六・九億ドルへと約九倍増加したものの、タイの世界輸出に占めるシェアが八・三%に過ぎず、その内、ベトナムへの輸出は七〇・七億ドルで、全体の三七・八%を占めており、その他の三カ国への輸出は少ないといわざるを得ない。

一方、タイに隣接するCLM三カ国の輸出入貿易についてみれば、各国の状況はそれぞれ異なっている。**表5-1**のとおり、タイへの輸出依存度については、ラオスは三三・〇%、ミャンマーは四四・六%となっている。その内、ラオスのタイ、中国、ベトナムへの輸出は輸出全体の七九・八%、同三カ国からの輸入は輸入全体の八三・七%を占めており、周辺国への

表５-１　2012 年の CLMV 諸国の輸出入貿易におけるタイの位置づけ

（単位：％）

ベトナム				ラオス				ミャンマー				カンボジア			
輸出		輸入		輸出		輸入		輸出		輸入		輸出		輸入	
アメリカ	17.2	中国	25.3	タイ	33.0	タイ	65.9	タイ	44.6	中国	30.0	アメリカ	39.5	タイ	24.6
日本	11.4	韓国	13.7	中国	23.4	中国	11.3	中国	24.9	シンガポール	28.0	EU	25.4	ベトナム	20.6
中国	10.8	日本	10.2	ベトナム	13.4	ベトナム	6.5	インド	11.3	日本	12.0	ベトナム	6.0	中国	19.8
韓国	4.9	台湾	7.5	EU	9.0	ＥＵ	6.3	日本	4.5	タイ	7.7	日本	4.3	シンガポール	7.8
マレーシア	3.9	シンガポール	5.9	日本	2.8	韓国	3.7	シンガポール	3.2	マレーシア	4.0	シンガポール	2.7	韓国	3.9
ドイツ	3.6	タイ	5.1	アメリカ	1.8	日本	1.9	韓国	3.1	韓国	3.8	中国	2.6	インドネシア	2.2
香港	3.2	アメリカ	4.2	韓国	0.1	シンガポール	0.8	マレーシア	1.1	インド	3.3	タイ	2.5	ＥＵ	2.2
豪州	2.8	マレーシア	3.0	カンボジア	0.0	アメリカ	0.6	ドイツ	0.5	インドネシア	2.2	韓国	1.2	マレーシア	2.2
イギリス	2.6	ドイツ	2.1	インドネシア	0.0	豪州	0.6	インドネシア	0.4	ドイツ	1.6	マレーシア	0.9	日本	1.8
タイ	2.5	インドネシア	2.0	マレーシア	0.0	インド	0.3	イギリス	0.3	アメリカ	1.3	インドネシア	0.1	アメリカ	1.6
世界	100.0	世界	100.0	世界	100.0	世界	100.0	世界	100.0	世界	100.0	世界	100.0	世界	100.0

資料：JETROデータより作成.

表５-２　メコン地域４カ国における対内直接投資の国・地域別構造（2012 年）

（単位：％）

タイ			ベトナム			カンボジア			ミャンマー		
	金額（100万ドル）	構成比（％）		金額（100万ドル）	構成比（％）		金額（100万ドル）	構成比（％）		金額（100万ドル）	構成比（％）
日本	348,430.0	63.5	日本	4,007.0	51.0	韓国	281.0	20.5	中国	407.0	28.7
欧州	33,253.0	6.1	韓国	757.0	9.6	中国	264.0	19.2	ベトナム	329.0	23.2
シンガポール	19,418.0	3.5	香港	549.0	7.0	日本	212.0	15.5	シンガポール	248.0	17.5
アメリカ	17,890.0	3.3	シンガポール	488.0	6.2	タイ	121.0	8.8	イギリス	233.0	16.4
香港	12,864.0	2.3	キプロス	376.0	4.8	香港	117.0	8.6	香港	81.0	5.7
豪州	12,452.0	2.3	中国	302.0	3.8	台湾	97.0	7.1	日本	54.0	3.8
台湾	11,711.0	2.1	台湾	192.0	2.4	ベトナム	90.0	6.5	韓国	38.0	2.7
中国	7,901.0	1.4	ドイツ	186.0	2.4	シンガポール	83.0	6.0	インド	12.0	0.8
マレーシア	7,739.0	1.4	マレーシア	116.0	1.5	サモア	41.0	3.0	オランダ	10.0	0.7
韓国	3,988.0	0.7	イギリス	110.0	1.4	イギリス	37.0	2.7	マレーシア	4.0	0.3
カナダ	8.0	0.0	フィンランド	1.0	0.0	その他	28.0	2.0	タイ	1.0	0.1
外国投資計	548,954.0	100.0	外国投資計	7,854.0	100.0	外国投資計	1,371.0	100.0	外国投資計	1,419.0	100.0

資料：JETROデータより作成.

輸出入依存度が非常に高い。しかし、カンボジアに関しては、輸入はタイ、中国、ベトナムに依存しているが（全体の五五・〇％）、輸出はアメリカやEUに依存している。このことは、カンボジアはタイ、中国、ベトナムからテキスタイルなどの中間財を輸入して、欧米に縫製品を輸出することを反映している。しかし、二〇一〇年以降、カンボジアは縫製品の対米輸出依存体質を脱却すべく、輸出品目と輸出先の多様化政策を実施した。(10)

(2) CLMV諸国の対内直接投資

CLMV諸国の対内直接投資に関しては、**表5-2**のとおりであるが、タイのプレゼンスが弱いといわざるを得ない。ベトナムへの直接投資には日本は圧倒的なシェア（五一・〇％）を占めており、それについで、韓国、香港、シンガポールの順となっている。一方、カンボジアへの直接投資には韓国、中国、日本が中心となっているが、タイはそれについで第四位となっている。また、タイのミャンマーへの直接投資は一〇〇万ドルに過ぎず、第一一位である。

要するにタイはアジア新興国として、その経済力の高まりにともなって、メコン川地域開発においてより中心的な役割を担うようになった。しかし、以上の考察でわかるように、その役割は周辺国との貿易拡大にとどまり、直接投資における役割は限られている。その背景は主にタイは所得水準が依然として低いこと、国民経済の規模が小さいこと、国内には有力なローカル企業が少ないことなどと考えられるが、今後、タイの経済成長及び新しい産業の育成にともなって、周辺国への直接投資が増加するであろうが、タイへの産業集積の進展にともなって、タイを中心とするサプライチェーンが周辺国に広がり、タイと周辺国との経済関係を一層緊密化させる可能性が十分あると見込まれている。

3　中国のメコン地域開発への関与

中国のメコン地域開発への関与は、最初の段階では主にADB主導の下で「中国・昆明―ミャンマー・ヤンゴン」、「中国・昆明―タイ・バンコク」、「中国・昆明―ベトナム・ハイフォン」など三つの経済回廊の開発を中心に進められていたが、二〇〇〇年以降、経済力の高まりやASEANとの経済交流の拡大にともなって、自らの開発計画を実施し始めた。とくに中国の温家宝首相は二〇〇八年に行われた第三回メコン川流域首脳会議で、インフラ整備、輸送、貿易の利便化、農村部の開発、医療・衛生の協力、環境保護、人的資源の開発、非政府部門の協力への参加、融資ルートの拡大など、八つの提案を提示したことをきっかけに、中国はメコン地域開発を積極的に推進するようになった。

(一)　地域開発協力枠組み

中国・ASEAN自由貿易協定の発効にともなって、ASEANに隣接する中国の地方もASEANとの地域開発協力枠組み作りに積極的に動き出している。その中で、活発に動いているのは、中国の中央政府をバックアップに、地方政府のイニシアチブで推進されている「広域北部湾経済協力構想」と「中国・ASEAN博覧会」である。

「広域北部湾経済協力構想」とは、中国の広西、海南、ベトナム、マレーシア、シンガポール、インドネシア、フィリピン、ブルネイなどを含む環南シナ海経済協力を促進しようとするものである。この構想は、二〇〇七年一月にフィリピンで行われた「第一〇回中国・ASEAN首脳会議」で、中国の温家宝首相により提唱され、南シナ海に面している広西チワン族自治区政府のイニシアチブで推進されている中国とASEAN諸国との国家間の地域経済協力枠組みであり、その主要な舞台は、二〇〇六年八月に始まり、年に一回開かれている「広域北部湾経済協力フォーラム」である。

広域北部湾経済協力フォーラムの枠組みでは、関係国の政府シンクタンク、ASEAN事務局、アジア開発銀行により組織される専門化グループが経済協力に関する提案を行い、各国の政府と関係機関（企業・銀行）が提案をめぐって議論するプラットフォームとなっている。その中心議題は、「広西南寧―シンガポール経済回廊」の開発構想であり、フォーラムの下に投資と貿易、金融、観光などのセクションを設けて、その開発構想を実現するための開発案を協議している。

二〇一一年八月一八日―一九日に行われた「第六回広域北部湾経済協力フォーラム」では、中国側の「広域北部湾経済協力FS報告書」が公表され、「広西南寧―シンガポール経済回廊」の開発協力に関する開発フィナンシャルを中心とする金融、鉄道・道路・港湾建設を中心としたインフラ整備及び投資と貿易の便利化、農業、観光、環境保護などに関する優先的開発協力プロジェクトを提案した。この報告書は中国・ASEAN首脳会議に提出した。

この協議機構としての「広域北部湾経済協力フォーラム」の他にも、実務レベルの経済交流枠組みとして、「中国・ASEAN博覧会」がある。この「中国・ASEAN博覧会」は、二〇〇三年一〇月に行われた中国・ASEAN首脳会議で、中国の温家宝首相の提案により、二〇〇四年一一月に広西南寧で行われたのが始まりである。主催者は広西チワン族自治区の政府であり、共催者は中国側の国家商務部及びASEAN一〇カ国の対外貿易担当部署とASEAN事務局である。二〇一一年までに計八回行われた。毎年の博覧会では、貿易、投資、政府間交流、文化交流など、幅広い分野にわたって活発な交流が行われており、中国とASEANの政府間、企業間のハイレベルな交流を促進するための重要なパイプとなっている。

中国とASEANとの間には、たしかに、経済協力のポテンシャルが潜んでいるが、ベトナムやフィリピンとの間には、南シナ海の領有権をめぐる対立により、経済協力を阻害する政治的なリスクが存在していることも否めない事実である。中国はASEANとの「南シナ海各方面行動宣言」において、「国連憲章」の宗旨と原則及び「国連海洋法公約」、「東南アジア友好協力公約」に基づいて、政治的な対話を通じて平和的に解決しようとしていると同時に、国家間の経済協力を通して、領有権の紛争及びそれによる政治的なリスクを避けようと真剣に取り込んでいる。こうした中で、これらの地方を舞台とする協力枠組みは、国家間の海洋安全と政治リスクを回避する役割を担っているといえよう。

（二）金融・交通協力

前述したように、中国とASEANとの経済協力は一一の領域に及んでいるが、国家間協力枠組みの中で最も進んでいるのは金融・交通・エネルギーの協力である。以下に、その概要を紹介しておきたい。

①金融協力

中国とASEANとの金融協力は、一九九七年の「アジア通貨・金融危機」の後に構築された中日韓とASEANとの金融協力枠組みから始まった。「アジア通貨・金融危機」以降、ASEAN＋3財務相会議の枠組みにより、通貨金融協力が推進されてきたが、二〇〇〇年五月に合意されたチェンマイ・イニシアティブ（CMI）で、中日韓及びASEAN原加盟五カ国の間で、二国間の通貨スワップ取極のネットワークが構築された。その後、中日韓とASEANとのスワップ取極及び対ASEAN融資の規模が拡大されていった。現在の金融協力は、主に融資、開発協力ファンド、人民元建ての貿易決算、銀行間の協力体制などの分野で展開されている。

融資と開発協力ファンドの設立に関しては、現在、日本は対ASEANの最大融資国であるが、中国とASEANとの二国間金融協力に関しては、二〇〇九年に中国側は一五〇億人民元の融資を実行すると同時に、一〇〇億元を出資してインフラ整備、エネルギー開発、情報通信協力のための「中国・ASEAN投資協力ファンド」を設立した。二〇一一年の東アジアサミットにおいて、温家宝首相は一〇〇億人民元の融資枠を追加し、三〇億人民元の「中国・ASEAN海上協力ファンド」を立ち上げることを表明した(11)。

また、人民元による貿易決済に関しては、二〇〇九年に中国とASEANの間で人民元建ての貿易決算を開始した。それ以降、世界的金融危機による世界経済の基軸通貨としてのドルの信用力低下が進む中で、中国とASEAN諸国との間では、為替リスクを避けるため、人民元建ての貿易決済を一層拡大しようとする積極的な姿勢をみせている。

さらに、金融機関同士の協力体制に関しても、二〇一〇年一〇月に中国の国家開発銀行とASEAN諸国の主要銀行との間で「中国・ASEAN銀行連合体」を設立した。この銀行連合体は、主に銀行間の協力体制を通して、人民元建ての貿易決済の拡大、中国とASEANとの地域開発重点プロジェクトへの融資を目的としているが、その究極的な目的は、地域開発協力に対して、金融サポートを提供することによって、地域経済の活力をより一層拡大していこうとするものである。

これらの金融協力が進展した結果、二〇一三年には中国側は正式にAIIB構想を提起し、二〇一六年一月に発足した。

中国とＡＳＥＡＮとの交通協力は、近年、経済協力の一環として道路網、鉄道網、港湾の整備を中心に急速に進展している。

② 交通協力

【道路建設】

中国とＡＳＥＡＮの交通協力において最も進んでいるのは道路の建設である。とくに中国の西南経済圏、華南経済圏とＡＳＥＡＮ経済圏を結ぶ中継地域としての雲南省の昆明市と広西チワン族自治区の南寧市は、ＡＳＥＡＮへの高速道路の建設を急ピッチで進めている。その中で昆明市は大メコン圏流域開発の中国側の起点として、各国政府間の「大メコン圏流域の交通輸送協定」に基づいて、大メコン圏流域の経済回廊の建設を中心に高速道路の建設を積極的に推進している。現在、昆明―ハノイ、昆明―バンコク、昆明―ヤンゴンなど、中国とＡＳＥＡＮとの幹線道路や高速道路が相次いで開通した。[12] さらに、華南経済圏とＡＳＥＡＮ経済圏を結ぶ中継都市としての広西チワン族自治区の南寧市は、二〇〇五年には南寧―友誼関（中国）―ハノイ（ベトナム）の道路を開通させた。これらの道路を通じて、ＡＳＥＡＮのミャンマー、タイ、ベトナムは、雲南省の昆明市、広西チワン族自治区の南寧市を経由して中国内陸の四川、貴州、重慶、広東につながるようになった。

とくに、南寧―友誼関―ハノイの幹線道路については、南寧―友誼関はすでに高速道路化されており、現在、中国とベトナムとの協力で友誼関―ハノイの間の高速道路の建設が進められている。

【鉄道建設】

近年、中国・ASEAN交通協力において、にわかに脚光を浴びるようになったのは、中国からASEANにつながる鉄道建設である。早くも一九九五年には、ASEAN諸国は「アジア広域鉄道網計画」に合意し、その建設が着実に進んでいる。中国側はそのアジア広域鉄道網建設に積極的に対応している。

「アジア広域鉄道網計画」では、北は中国雲南の昆明と広西の南寧を起点として、西ルート、中ルート、東ルートが計画されている。西ルートは、昆明から中国側の瑞麗、ミャンマーのヤンゴン、バンコク、クアラルンプールを経由してシンガポールに至るルートである。中ルートは、昆明から中国側の景洪、ラオスのビエンチャン、バンコクを経由してホーチミンにいたるルートである。東ルートは、昆明から中国側の河口、ベトナム側のハノイを経由してホーチミンに至るルートである。この計画が完成すれば、中国昆明を基点とし、インドシナ半島やマレー半島を貫通する中ルート及び西ルートと東ルートからなる環状線が出来上がり、ASEAN七カ国の主要都市を結び付けることになる。

中国は、この鉄道網計画における中国側の鉄道建設を「中国鉄道中長期発展計画」に組み入れており、雲南省内の鉄道建設については既に着工している。中国広西チワン族自治区もこの「アジア広域鉄道網」に接続するように南寧から友誼関までの鉄道建設計画を打ち出している。この他、中国はラオス、カンボジア、ベトナムなどのASEAN後発国における道路・鉄道の建設に対しても、資金援助と開発協力に取り組んでいる。

【航空・海上輸送協定】

現在、中国とASEAN一〇カ国の間では、国別の航空輸送協定を結んでおり、二〇一〇年一一月に中国とASEANは「航空輸送協定」を締結した。中国の一〇社、ASEANの一八社の航空会社が中国・ASEAN間の直行便を運行し、定期便数は旅客便八二〇便／週、貨物便三二便／週となっている。(13)

海上輸送協定に関しては、二〇〇七年には「中国・ASEANの海運協定」を締結し、二〇一〇年に「中国・ASEAN海事協議覚書」に調印した。二〇〇二―〇三年に中国側は、五〇〇〇万人民元の資金援助でミャンマーとラオスのメコン川航路の浚渫を行った他、近年、「広域北部湾経済協力」の一環として、環南シナ海港湾サービスネットワークの構築にも取り組んでいる。

4　CLMの経済成長とメコン川地域経済圏の可能性

メコン川地域経済圏において、タイにしてもCLMVにしても、その経済政策のいずれも輸出主導型工業化を中心とする「東アジア経済発展モデル」である。この東アジア経済発展モデルは一九六〇年代半ばにアジアNIESから始まったが、一九八〇年代にASEAN先発六カ国、一九九〇年代に中国に広げて、いまやまさにＣＬＭＶ諸国に広がりつつある。以下、工業化波及メカニズムの理論からメコン川流域経済圏の将来展望をしたい。

（一）キャッチ・アップ型工業化と国際分業の深化

東アジア経済発展モデルの中核となっているのは、工業化の重層的波及構造であり、キャッチ・アップ型工業化でもある。すなわち、先発国の工業化のダイナミズムは直接投資と貿易を通じて、後発国へと波及していくことにより、後発国工業化の進展を牽引することである。これはいわゆる工業化の重層的波及構造である。このような工業化の重層的波及構造を理論的に説明したのは「財の特性と国の特性の対応関係は一国の生産・貿易パターンを決定する」という理論モデルを提起した池間である(14)。

池間によれば、このような財の特性と国の特性の対応関係に関しては、生産要素を資本と労働の二つとする場合、財の特性は産業のライフサイクルの変化にともなって導入期では知識集約的であり、成長期では資本集約的であり、成熟期では労働集約的になるというプロセスで変化し、その産業も順次所得水準の高い国からより低い国へと移転する。一方、国の特性は一国の所得水準の上昇による資本蓄積能力の向上にともなって、労働豊富国から資本豊富国へ、さらに技術・知識豊富国へと進化し、その国の産業構造も単純な労働集約型産業から資本集約型産業へと転換し、さらに直接投資の受

表5-3　ASEAN諸国の1人当たりGDPと年平均成長率

（単位：ドル，％）

	2000年	2012年	年平均成長率（％）
シンガポール	23,413.8	52,051.8	6.9
ブルネイ	18,476.9	42,402.4	7.2
マレーシア	3,991.9	10,304.2	8.2
タイ	1,983.3	5,678.5	9.2
インドネシア	800.1	3,592.3	13.3
フィリピン	1,055.1	2,614.2	7.9
ベトナム	401.6	1,527.5	11.8
ラオス	308.4	1,445.5	13.7
カンボジア	288.1	933.6	10.3
ミャンマー	177.6	834.6	13.8

出所：「世界経済のタネ帳」のデータより作成．

入国から投資国へ、消費財の輸出国から輸入国へと変化していく［池間編 二〇〇九］。

このような財の特性と国の特性の対応関係の変化により、各国経済の自然的つながりを強め、共同市場の形成を促すとともに、国際分業も産業間から産業内へ、さらに工程内へと進展させる。これまでの東アジア諸国地域のキャッチ・アップ型経済発展はまさにこのようなプロセスで進展してきており、いま、そのダイナミズムがまさにCLMV諸国へと広がりつつある。

（二）メコン川五カ国における所得水準の上昇と「国の特性」の進化

CLMV諸国は一九八〇年代から戦争状態の終結をきっかけに、一九九〇年代から相次いで経済を再建させるための国内体制改革と対外開放、九〇年代後半からのASEAN加盟、二〇〇〇年以降の本格的な外国資本の導入など、一連の政策により、市場経済化と地域経済への統合が進み、経済成長の軌道に乗り出した。**表5-3**に示されているように、CLMV諸国の一人当たりＧＤＰはいずれもＡＳＥＡＮ先発六カ国とはかなりの格差があるにもかかわらず、二〇〇〇年以降の年平均成長率は先発六カ国（インドネシアを除く）を上回った。

メコン地域五カ国の所得水準についてみると、二〇〇〇年から二〇一二年の間、タイは下位中所得国から上位中所得国へ、ベトナムとラオスは低所得国から低位中所得国へ、カンボジアは低所得国から下位中所得国へと進展した。ミャンマーは低所得国にとどまっているが、まもなく下位中所得国の仲間入りを果たすであろう。このような後発国における所得水準の上昇は、各国の「国の特性」の進化をもたらすと同時に、各国経済の融合及びそれによる市場統合を加えて、近い将来、メコン川地域経済圏は製造拠点だけでなく、消費市場としても大きく期待できる。(15)

(三) 経済の多様性と産業の重層的移転

さらにメコン川地域五カ国においては、このような所得格差による経済の多様性がみられている。よって、メコン川地域経済圏において、各国間における「国の特性」の多様化に基づく新たな重層構造が形成され、国際分業の更なる進展のために有利な条件を作り出している。その中で、タイは上位中所得国として、自動車・同部品を中心とする産業集積に厚みを増している。そのサプライチェーンはかなり整備されており、裾野産業も組み立てメーカーから部品メーカーまで広がっている。その上、ＦＴＡやＥＰＡの活用により、ＡＳＥＡＮの重要な輸出拠点ともなっている。(16)しかし、二〇一〇年以降、人件費上昇にともなって、労働集約型産業の生産拠点としての優位が失われ、サプライチェーンの労働集約的工程は周辺のカンボジア、ラオスに広がっている。また、所得水準の向上にともなって、消費市場としての魅力が高まっており、現地市場向けの高付加価値消費財及び中間財の新規投資が増加しつつあり、新たな産業集積地域として脚光を浴びている。

一方、ベトナムはその投資環境にはインフレの進行、人件費の上昇、裾野産業の脆弱性などの問題を抱えてはいるものの、二〇一〇年以降、下位中所得国の仲間入りにともなって、輸出構造も変わりつつある。縫製品、履物、水産物など、単純な労働集約型製品の輸出比率は二〇〇七年の三一・九％から二〇一二年の二四・八％へと低下した代わりに、コンピュータ、電話機、機械設備、輸送機械及びそれらの部品など、より付加価値の高い工業製品の輸出比率が二〇〇七年の四・四％から二〇一二年の二六・七％へと上昇し、とくに二〇一二年には電話機の輸出が八四・七％増の一二七・二億ドルとなり、縫製品に次ぐ第二位の輸出品目となっている。(17)

さらにベトナム北部のハノイ周辺に韓国、中国の広東省からの生産移転により、プリンターや携帯電話などを中心とするエレクトロニクス産業の集積にも厚みを増しており、輸出構造の高付加価値化が着実に進んでいる。

ベトナムに次いで縫製品・履物の生産拠点となっているのはカンボジアやラオスであるが、このカンボジアとラオスも最近、徐々にではあるが、従来の単純な労働集約型生産拠点から機械部品の生産拠点へとレベル・アップしつつあり、ミャンマーも新たな労働集約的生産拠点として注目を集めている。

要するに二〇〇〇年以降、CLMV諸国は次から次へと輸出主導型工業化の軌道に乗り出し、産業集積の進展にともなって、産業構造の高付加価値化も進んでいる。さらにこのような多様性に富む重層構造の形成により、CLMV諸国は後発国としてASEAN6（シンガポール、マレーシア、タイ、インドネシア、フィリピン、ブルネイ）及び中国などの先発国と比べ、より有利な条件に恵まれている。その中で、タイや中国は上位中所得国の仲間入りにともなって、日米欧及び韓台などの先進国並みの資金（直接投資と経済援助）のドナー国及びアブソーバーとなっている。それゆえ、CLMVを取り巻く国際環境も大幅に改善されている。

むすびにかえて
――大メコン圏への将来展望――

以上の考察でわかるように、大メコン圏（GMS）開発プログラムは一九九一年のカンボジア平和協定の成立をきっかけに、一九九二年にアジア開発銀行（ADB）により提起されて以来、すでに二〇年もの歳月を経った。この間、チャーチャーイ内閣の「インドシナを戦場から市場へ転換させる」宣言、中国雲南省の積極的な対応、東南アジア域内貿易自由化の進展などは追い風となり、順調に進んできた。とくに二〇〇〇年以降、CLMV諸国における一層の対外開放と市場経済化の進展にともなって、新たな時代を迎えつつあり、かつて日本からアジアNIESへ、その次に日本、アジアNIESから中国、ASEAN6へと広がっていった東アジア経済発展のダイナミズムは、いまやまさにCLMV諸国へと拡大しようとしている。こうした中でメコン川地域経済圏のCLMV諸国は数多くの課題を抱えてはいるが、下記の面からみれば、可能性が大きいといえよう。

(1) メコン川地域経済圏では各国（地域）は隣接しており、地理的優位と経済発展の潜在力からみて、三・三億の人口（CLMV及びタイ、中国の雲南、広西を含めている五カ国、二地域）を有する新興経済圏として、開発の潜在力が非常に大きいのである。現在、経済圏としては、自然的連結性がある程度出来上がったが、物理的・制度的連結性が弱くて、地域経済統合を阻害するボトルネックとはなっているが、今後、メコン地域におけるインフラ整備の進展やCLMV諸国のAFTAへの移行にともなって大幅に改善されると見込まれている。(18)

(2) メコン川地域経済圏での経済連携は勿論、日米欧などの先進国が参加してはいるが、あくまでも新興国イニシアチブによる経済協力が中心となり、東アジアにおける新たな国際協力モデル（新興国間国際協力）が誕生するのではないかということで、今後、注目すべきことである。

(3) メコン川地域経済圏ではそのいずれも、新興国なので、それなりの限界もある。特にCLMVでは所得水準が低いので、物理的連結性を強化するためのインフラ整備においては、資金力が最大のボトルネックとなっている。中国とタイはドナー国とはなっているが、そのための十分な資金力を持っていない。しかし、域内各国の経済成長にともなって、タイと中国の一人当たりGDPが一万ドルを超えて、高所得国となり、その他の各国の一人当たりGDPは三〇〇〇ドル（中位中所得国）に達し、インフラ整備のための資金供給状況が大幅に改善され、域内貿易がさらに拡大されると予想されている。

(4) 制度的連結性に関しては、RCEPの役割が重要だと考えられるが、RCEPは新興国主導の地域統合なので、高度な自由貿易ルールを目指しているTPPとは違って、東アジアにおけるFTA／EPAのバージョン・アップにとどまっている。それにもかかわらず、新興国間の経済統合として、メコン川地域経済圏における各国の経済発展と域内貿易の拡大において重要な意味合いがある。

注

(1) このGMSプログラムの発展段階については、主に、春日［二〇一四］と呂・王編［二〇一四］を参考した。
(2) GMSプログラムは二〇〇二年一一月に第一回首脳会議（カンボジアプノンペン）を始め、二〇〇五年七月に第二回首脳会議（中国昆明）、二〇〇八年三月に第三回首脳会議（ラオスビエンチャン）、二〇一一年一二月に第四回首脳会議（ミャンマーネピドー）などを開催した［呂・王編 二〇一四：一四七］。
(3) 越境交通協定の詳細に関しては、石田［二〇〇八］を参照されたい。
(4) ACMECSは三大河川流域の開発構想である。その中にエーヤワディー川はミャンマー中央を流れる川であり、チャオプラヤー川はタイのバンコクなどを中心に流れるタイ国内の大きな川の一つである。

（5）タイでは地方と近隣諸国との国境経済圏や開発拠点の設置に積極的に取り組んでいたのは「第九次経済社会開発計画」（二〇〇二―〇六年）である。その詳細については、恒石［二〇〇五］を参照されたい。

（6）ＪＥＴＲＯ調査によると、日本電産グループのＳＣワドーは二〇一三年二月に、カンボジアのポイペト郊外にハードディスク駆動措置（ＨＤＤ）の部品工場を稼動し、二〇一四年には五〇〇〇人の雇用を計画している。ニコンは二〇一三年にラオスのサワンナケートの国境経済地区にニコンタイランドの分工場を稼動し、八〇〇人の雇用を計画し、今後、サプライヤー・協力会社二〇社が周辺に進出する予定である。矢崎総業は二〇一二年一二月にカンボジアコッコンに工場を立ち上げ、自動車用ワイヤハーネスを組み立て、在タイ日系企業に納品している。デンソーは二〇一三年七月にプノンペン経済特区に二輪車用発電機向けセンサー部品の生産工場を稼動した。ミネベアはプノンペンＳＥＺに組立工場を立ち上げ、部材はタイから輸入し、製品をタイの同社工場を通して、顧客に納品する（ＪＥＴＲＯ二〇一三年世界貿易投資報告：カンボジア編）。

（7）『日本経済新聞』二〇一二年一一月一九日。

（8）『日本経済新聞』二〇一五年八月五日。

（9）IMF, *Direction of Trade Statistics 2013* (https://www.wto.org/english/res_e/statis_e/its2013_e/its2013_e.pdf, 二〇一五年一二月二八日閲覧).

（10）カンボジアの輸出に関しては、かつて七割以上は衣料品であり、輸出の六五・九％がアメリカ向けであり（二〇〇〇年）、基本的に中国やタイからテキスタイルを輸入して、それを製品化した衣料品をアメリカに輸出するという貿易構造となっている。しかし、二〇一〇年以降、カンボジアは輸出品目と輸出先の多様化を国家政策として実施した。輸出先については、二〇一二年には対米依存度は三九・五％へと低下したが、輸出品目については、縫製品の輸出比率は依然として八八・〇%という高い水準にとどまっている。しかし、最近、カンボジアのSEZに自動車や機械部品の進出件数が増加していることからみれば、今後、このような縫製品輸出への依存体質が改善されると見込まれている（JETRO『二〇一三年世界貿易投資報告：カンボジア』）。

（11）『中国新聞網』二〇一一年一一月一八日。

（12）昆明―ヤンゴン―バンコクの幹線道路は、ミャンマー側のメコン川大橋の完成により、二〇一二年に開通した（中国外交部「一九九一―二〇一一年中国・ASEAN経済協力二〇年」二〇一一年一一月一六日［China.com.cn］）。

（13）中国外交部「一九九一―二〇一一年：中国・ASEAN経済協力二〇年」二〇一一年一一月一六日［China.com.cn］。

（14）「財の特性と国の特性の対応関係は一国の生産・貿易パターンを決定する」という理論モデルの詳細に関しては、池間編［二〇〇九］を参照されたい。

（15）世界銀行は一人当たりGDPが九九六ドル未満の国を「低所得国」（低所得層）、九九六―三九四五ドルの国を「下位中所得国」（ローワーミドル層）、三九四五―一万二一九六ドルの国を「上位中所得国」（アッパーミドル層）、一万二一九六ドル以上の国を「高所得国」（富裕層）と定義しているが、消費水準については、一人当たり可処分所得が三〇〇〇ドルを超えると、高額家電製品やバイクが買え、ローンでマイホーム、マイカーの購入にも手が届くことができる。

（16）二〇一二年にタイの自動車生産台数は二四五万台、輸出比率は五〇%に達し、世界でも第九位の生産国となっている。それだけでなく、裾野産業の集積もかなり進んでいる。二〇一一年の日系製造業の部品・原材料の現地調達率は五三・〇％、ASEAN諸国の中で最も高いのである。とくにASEAN・オーストラリアFTAの発効により、二〇一二年のオーストラリアへの輸出が二〇％以上増加した（JETRO『二〇一三年世界貿易投資報告：タイ』、『エコノミスト』二〇一三年一月二九号）。

（17）JETRO『世界貿易投資報告：ベトナム』二〇〇八年版、二〇一三年版。

（18）CLMV諸国では、ベトナムは二〇一三年一月に、ラオス・ミャンマーは二〇一五年一月に、カンボジアは二〇一七年一月にAFTAの規定している貿易自由化品目への移行と〇―五％への関税削減を予定している。

第6章 ASEAN地域経済統合と新興市場の実態
――都市化の進展と観光市場の拡大――

はじめに

ASEANは地域経済統合及び単一市場の形成にともなって、世界ににわかに脚光を浴びるのは、六億の人口を持つ巨大な新興市場である。これまでのASEANは持続的な経済成長及びそれによる都市人口の増加にともなって、中間層・富裕層が着実に増加しつつある。英ユーロモニターの調べでは、二〇一三年のASEANでは、年間可処分所得が五〇〇〇ドルを超す中間層の人口は約三億人に達した(1)。このような中間層・富裕層の急拡大は紛れもなく、個人消費に量的にも質的にも厚みを増している。こうした中で、AECの発足はASEANの大衆消費社会の形成を加速させるといえよう。

地域消費市場の規模、購買力及び消費構造は、基本的には一人当たり所得水準、地域人口、都市化率などの要素で決まるが、ＡＳＥＡＮではこの三つの要素は共に増加しつつある。しかも、所得水準の上昇にともなって、消費財への需要が拡大するだけでなく、観光を中心とする教育・レジャー産業への需要も増加し、消費構造の高度化も進展しつつある。

これまでにＡＳＥＡＮは主に輸出の生産拠点として注目されていたが、これからのＡＳＥＡＮは巨大で、旺盛な消費市場として注目されることになり、世界各国企業の競争も激しさを増している。因みに本章では、ＡＳＥＡＮにおける都市化の進展及び所得水準の上昇を明らかにした上で、観光市場を中心にその新興市場の実態を解明したい。

1　大都市圏の進展と消費市場の統合

国及び地域の消費市場を考察する場合、その都市化率は重要な指標となっている。とくに開発途上国では、経済成長にともなって、所得水準だけでなく、農村から都市への人口移動により、都市化も急速に進展するが、ＡＳＥＡＮも例外ではない。世界の都市化率は、一九五〇年の二九％から二〇〇八年の五〇％へと上昇し、二〇五〇年には七〇％に達すると見込まれているが［大泉二〇一〇］、その中で新興国の貢献が大きいといえよう。

今日の世界では、都市化のスピードは国（地域）によって異なるが、都市化が最も急速に進んだのは、東アジアだといわれている。これまでの研究によれば、「日本、中国、韓国、台湾、香港、シンガポール、タイ、マレーシア、インドネシア、フィリピン、ベトナムを合算した東アジアの都市化率は、一九五〇年の一五・三%から二〇一〇年の四八・八%へ上昇し、二〇五〇年には七四・四%に達すると見込まれている」［大泉 二〇一〇］。

通常、人口密度で都市化発展の度合を判断するが、新興市場を考察する場合、都市人口数と所得水準も重要である。因みに、以下、都市人口数、一人当たりGDP、人口密度など、三つの側面から東アジア大都市発展の状況を考察したい。

（一）ASEANにおける都市化の歴史

ASEANはその国々の地理条件により、中国と国境を接しているインドシナ半島を中心とする「陸のASEAN」とマレーシア、インドネシア、シンガポール、フィリピン、ブルネイなどの島嶼部を中心とする「海のASEAN」に分かれている。それらの国家形成の歴史により、「陸のASEAN」と「海のASEAN」の性格も異なっている。

その中で「陸のASEAN」の国々は基本的には一民族一国家の構成である。勿論各国内には多数の少数民族があるが、そのいずれも一つの国民国家として独立した。他方、「海のASEAN」の国々は多数の民族から構成されており、その典型はマレーシアである。そのマレーシアはイギリスの植民政策により、在来のマレー人に加えて、中国人とインド人が住んでおり、この「海のＡＳＥＡＮ」と「陸のＡＳＥＡＮ」の国々の「国家性格」は大きく異なっているが、そのいずれの国も首都圏を中心とする大都市圏が国全体の経済成長を牽引する構図には代わりがないのである。

ＡＳＥＡＮの都市発展は産業革命が進展する中で、産業と人口が集中することにより形成された欧米の大都市とは異なって、最初から欧米諸国が植民地を支配・管理するための拠点として形成された。これらの都市は最初から、未開発の土地を舞台に、当時の植民地の経済発展水準とかけ離れた都市計画により建設されたため、一九世紀前半の東南アジアにおいては、すでに、バンコク、シンガポール、ジャカルタ、クアラルンプールという港湾機能と植民地管理機能を有する大都市圏が出現しており、それらの大都市圏はそれぞれの国が独立後も新政府の首都及び国内管理の拠点として成長されてきたのである。

このような欧米とは異なる経路で成長されてきた東南アジアの大都市圏は形成の初期段階から、①多国籍企業の集中による国際的な中枢管理機能、②国全体の経済成長を牽引する成長拠点の機能、③都市圏内に居住する住民への生活管理機能など、三つの機能を備えており、独立後の工業化においても、程度の差があるが、基本的には現地人、外国人、華人を主体に展開されてきた。(2) それゆえ、ＡＳＥＡＮの大都市圏のいずれも自国内のその他の地域とかけ離れて、所得水準も高く、中間層・富裕層には一定の厚みもみられ、産業、貿易、金融、物流などの近代都市としての中枢管理機能を備えた世界都市であり、巨大な消費市場でもある。

生田真人の紹介によれば、「テリ・マッギーはかつて、東南アジアの大都市を、①シンガポール、②クアラルンプール、③ジャカルタ・バンコク・マニラに三区分する類型案を提案した。その中で、シンガポールは他と異質な都市国家である。クアラルンプールは旧宗主国のイギリスのニュータウン政策を参考に、公共主導のニュータウン建設を主体にして、大都市圏の開発を進めており、東南アジアにおける大都市圏開発の先行モデルとなっていた。さらに一九九〇年代以降、バンコクもジャカルタもクアラルンプールを参考にしながら、郊外開発を推進し、首都圏や地方大都市圏の大発展をもたらした」〔生田二〇一一：三〇―三一〕。その後、ベトナムの経済発展及び都市人口の増加にともなって、ホーチミン都市圏も成長し、ASEAN全体では、シンガポール、マニラ、ジャカルタ、クアラルンプール、バンコク、ホーチミンなどの六大都市圏はASEAN新興市場の中核的存在となっている。

このような都市化の進展にともなって、ASEANの都市人口も急速に増加しつつある。国連の推計によると、ASEANの都市化率は一九七五年の二三・二%から二〇一五年の四七・六%へと四〇年間で倍増し、現時点では総人口のほぼ半分に相当する三億人の人々は都市で生活していることになっている。

以下、東アジア諸国と比較しながら、ASEAN大都市圏の現状をみてみよう。東アジア新興国では二〇〇〇年以降、都市化、とくに大都市の発展には目覚しいものがある。アメリカのコンサル

表6-1　東アジア主要都市の概要（都市人口、2013年）

順位	都市名	面積 (km)²	人口 (万人)	都市圏人口 (万人)	一人当たりGDP (万人)	人口密度 (人/km²)	世界都市ランキング順位
1	上海	6,341.0	2,500.0	—	14,416.0	3,631.7	18
2	天津	11,946.9	1,472.2	—	16,419.4	1,232.3	—
3	東京	2,188.7	1,316.2	3,712.6	46,031.6	6,013.6	4
4	蘇州	8,488.0	1,300.0	—	18,853.0	1,531.0	—
5	広州	7,434.4	1,292.7	—	19,282.6	1,710.0	66
6	深圳	1,996.9	1,062.9	—	22,113.0	5,201.0	73
7	武漢	8,494.0	1,022.0	—	14,310.0	1,203.2	—
8	ソウル	605.8	1,014.0	—	35,135.0	16,738.2	12
9	北京	16,410.0	917.6	2,018.6	14,753.6	1,288.6	8
10	ジャカルタ	740.3	958.8	3,053.9	11,947.0	14,476.8	51
11	バンコク	1,568.7	824.9	1,456.5	14,044.0	9,284.8	42
12	香港	1,104.0	707.2	—	36,796.0	6,460.0	5
13	シンガポール	716.1	539.9	—	54,775.0	7,5393.4	9
14	ホーチミン	2,095.0	524.1	624.0	4,117.0	3,531.0	70
15	台北	271.8	267.6	—	31,080.0	9,845.5	40
16	大阪	222.5	266.5	1,129.0	3,633.0	—	55
17	ハノイ	3,344.7	217.8	623.3	2,253.0	1,943.0	—
18	マニラ	38.6	166.1	2,129.0	7,391.0	43,049.0	63
19	クアラルンプール	243.6	160.0	583.0	17,376.0	6,696.0	53

注：1. 東アジア主要都市の選定基準はアメリカコンサルタント会社A.T.カニー社の発表した『2014年世界都市総合指数ランキング』にランクインされた都市であるが，中国の都市では1人当たりGDPが1万ドル以上，人口が1000万以上の都市である.
　2. 中国の都市は2013年のデータ，その他は2010年/2012年のデータである.
出所：中国国家統計局編『中国区域経済統計年鑑』2014年版，各都市のHPデータより作成.

タント会社A・T・カニーが発表した二〇一四年の「世界都市ランキング」では、上位八四位までに東アジア一五の都市がランクインされているが、中国の蘇州、天津、武漢など、一人当たりGDPが一万ドル以上、人口が一〇〇〇万以上の都市はランクインされておらず、十分ではない。因みに「世界都市ランキング」にランクされた都市と中国の蘇州、天津、武漢及びベトナムのハノイを加えて、まとめたのは**表6-1**である。

この**表6-1**に示されているように、まず、都市人口についてみると、上海は最も高く、東京、ソウルを除いて、中国の天津、広東省の深圳、広州、江蘇省の蘇州市は人口規模において、上位にランクされている。しかし、都市圏の人口についてみると、東京を除いて、ジャカルタ（三〇五三・九万人）、マニラ（二一二九・〇万人）、バンコク（一四五六・五万人）のいずれも上位に上がっている。

次に所得水準についてみると、上位に上っているのはいずれも、日本及びアジアＮＩＥＳなどの先進国（地域）であるが、新興国（地域）の中で、最も高いのは中国広東省の深圳、広州、江蘇省の蘇州、天津、北京、上海、武漢であり、その中で深圳、広州、蘇州はすでに先進国（地域）の水準に迫っている。(3)

また、ＡＳＥＡＮではマレーシアのクアラルンプールの所得水準は最も高いのであるが、それに次いで高いのはタイのバンコクであり、世界銀行の高所得国の基準（一万二一九六ドル）を上回っており、インドネシアのジャカルタもその水準に近付いている。フィリピンのマニラとベトナムのホーチミンは高位中所得水準、ハノイはまだ、低位中所得水準にとどまっている。しかし、二〇三〇年までの都市人口の増加率に関しては、カンボジアは一九七％、ラオスは一七七％、ベトナムは一一〇％、タイは七〇％だと急速な都市化が予想されていることから都市人口の増加は消費市場の拡大をもたらす中核的な役割を果たすことがわかるであろう［野田二〇一一］。

所得水準が高いほど、購買力や消費の質が高いことから考えれば、東アジアでは日本やアジアＮＩＥＳの都市は圧倒的な優位をもっているといえよう。しかし、以上の考察でわかるように、ＡＳＥＡ

Nではシンガポール、ブルネイ、マレーシアを除いて、その他の国々の所得水準は先進国と比較すると大きな格差を抱えているものの、首都を中心とする大都市圏の所得水準は先進国の水準に迫っている。このことは、これらの都市では富裕層、中間層に厚みを増して、すでに現実の新興市場が確立され、大衆消費社会が到来していることを意味している。この大衆消費社会こそＡＳＥＡＮの持続的な経済成長を支える原動力となっている。

2　中間層の拡大と「大衆消費社会」の形成

「大衆消費社会」とは社会の広範な層において、同一種類あるいは類似の消費財・サービスが消費される社会を指している。供給側の条件からみて、大衆消費社会の形成には大量生産技術と生産システムの確立が必要であるが、需要側の条件からみて、所得水準の上昇にともなって、人々の購買力が格差の縮小をともないながら拡大し、かつ画一的な消費欲求が形成されたことは不可欠である。

日本の大衆消費社会は、かつて一九五〇年代から始まり、その後のアジアではアジアＮＩＥＳは一九七〇年代から、中国は一九九〇年代から大衆消費社会を迎えた。現在のＡＳＥＡＮ、特にＡＳＥＡＮ後発国としてのＣＬＭＶではむしろ、中間層の増加にともなって、耐久消費財の普及が加速し、このような大衆消費社会を迎えようとしている。

（一）所得水準の上昇と中間層の拡大

アジアは消費市場として台頭したのは九〇年代半ばからである。しかし、その当時の消費市場はアジアＮＩＥＳを中心とした富裕層が中心で、中間層が台頭していたのは、アジアＮＩＥＳを除けばタイやマレーシアなどの一部の国々にとどまっていた。また、一九九七年の「アジア金融・通貨危機」により、ＡＳＥＡＮの中間層は大きな打撃を受けており、その中でタイ、インドネシア、フィリピンの中間層は一九九〇年から九五年にかけて拡大したものの、通貨危機の影響で二〇〇〇年にかけて大幅に減少した。

二〇〇〇年代に入ると、通貨危機で大きな打撃を受けたタイやインドネシアなどを含めたＡＳＥＡＮは、再び経済成長の軌道に取り戻した。**図６-１**に示されているように、二〇〇〇年以降のＡＳＥＡＮでは、その一人当たりＧＤＰはシンガポールとブルネイを除いて、すべての国は七％以上の伸び率（年平均成長率）で成長し続けていた。その中で、とくにインドネシア及びＡＳＥＡＮ後発国と呼ばれるＣＬＭＶ諸国の伸び率は一〇％以上となり、そのいずれも低所得国から中所得国へと仲間入りを果たした。その上で、マレーシア、タイ、インドネシアは程度の差があるが、高位中所得国の水準に達した[4]。これにより、現在のＡＳＥＡＮではシンガポール、ブルネイを頂点とする高所得国、マレーシア、タイ、インドネシアを中心とする高位中所得国、ＣＬＭＶからなる低位中所得国という三層構造となっており、重層的に上位国にシフトしつつある。

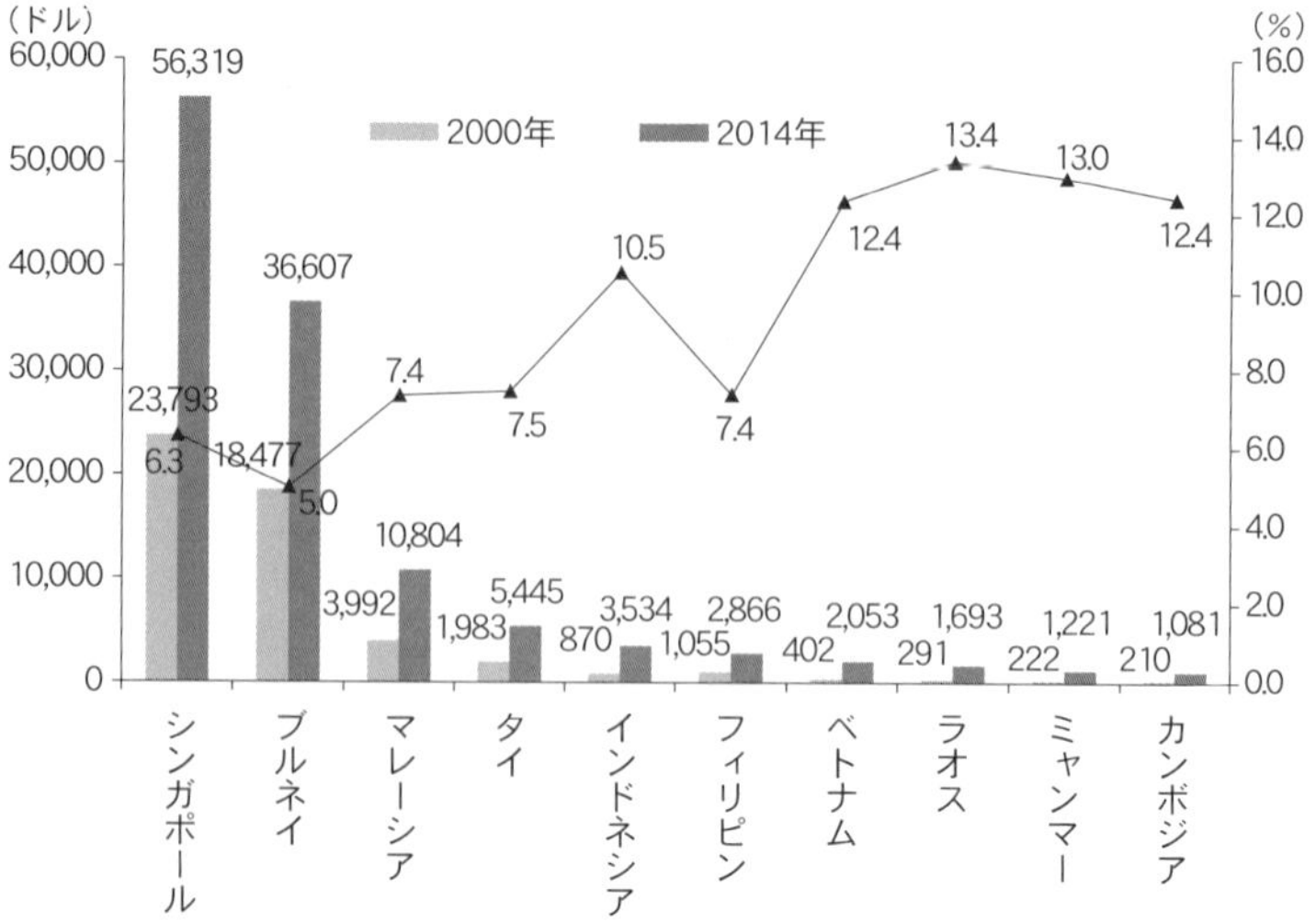

図6-1　ASEAN各国の1人当たりGDPと年平均伸び率

注：年平均成長率＝[（最終年度／初年度）$^{(1/n)}$－1]により試算.
出所：World Economic Outlook Databases（2015年4月版）.

また、消費市場として、とくに注目すべきなのはASEANの大都市圏である。**表6-1**に示されているように、シンガポール、ブルネイなどの都市国家は勿論、マレーシアのクアラルンプール、タイのバンコク、インドネシアのジャカルタの一人当たり所得は、高所得国の水準を超えており、新興市場として、急速に脚光を浴びている。このような所得水準の上昇にともなって、二〇〇〇年以降のASEANでは、中間層・富裕層は再拡大に転じ、厚みを増している。さらに二〇〇八年のリーマン・ショック以降も中間層は、経済変動への抵抗力を大きく強めながら、着実に拡大している。

みずほ総合研究所及び米ボストン・コ

ンサルティング・グループの調査によると、自動車などの耐久消費財の購買層といえる家計可処分所得五〇〇〇ドル超の人口は二〇〇〇年の約五〇〇〇万人から二〇〇八年の約二億人へと増加し、二〇二〇年には約四億人に達する見通しとなっている。その中で、一人当たりGDPは一万ドル以上となったマレーシアでは、中間層・富裕層に達した家計は八割以上となり、タイでも五割以上となっており〔苅込・中川・宮嶋 二〇一〇〕、ASEAN後発国としてのベトナムでは三二〇〇万人、ミャンマーでは一〇〇〇万人へと増加すると予測されている〔杉田 二〇一四〕。

（二）大衆消費社会の到来と消費者行動の変化

以上のような所得水準の上昇にともない、ASEANの大都市圏を中心に高度な消費者層に厚みを増して、消費者行動も日常の生活必需品から品質、快適性、利便性のある商品へと大きく変わるであろう。このようなASEAN市場は国ごとでみると、必ずしも大きくはないが、全体でみると、二〇二〇年の個人消費額は二・二兆ドルとなり、アジア新興市場の中で、中国（五・六兆ドル）、インド（三・一兆ドル）に次ぐ無視できない市場である。(5)

それにもかかわらず、ASEAN諸国では民族、宗教、言語、政治体制などの相違により、消費者嗜好もそれぞれ異なり、「モザイク市場」といわれている。以下、みずほ総研及び野村総研の調査に基づいて、ASEAN主要国の消費者特性を紹介したい。(6)

(1) マレーシア

ASEANの中でシンガポールとブルネイに次ぐ所得水準の高いマレーシアは今後、富裕層の増加が期待できるが、所得水準は高いゆえに、自動車、二輪車、家電製品などの耐久消費財の普及率が高くなっており、市場拡大の余地は大きいとはいえないものの、今後、二〇－四〇代の人口の割合が高く、「人口ボーナス」の恩恵を得やすいだけでなく、ローワーミドル層よりもアッパーミドル層と富裕層の人口が多くなると予測されている。さらにハイエンドな製品やサービスの購買層に厚みを増すだけでなく、「ジャパンブランド」への認知度も高いため、日本企業にとって、最も魅力のある市場といえよう［中川・倉林・新見 二〇一三］。

(2) タ イ

所得水準も耐久消費財普及率もマレーシアに次ぐ高い水準になっているタイでは、今後、高齢化にともなって、市場ボリュームがさらに拡大する余地が少ないが、ハイエンドな製品・サービスへの需要が高まっていくとみられている。貯蓄志向は高いが、商品購入時では、「価格と品質の見合い重視」、購入の情報源としては、「実店舗やショールーム重視」などの消費者特性を持っている。

(3) インドネシア

今後のインドネシアでは三〇－四〇代の世代層が厚みを増すとみられ、自動車、二輪車、家電製品への需要が一層拡大すると見込まれている。さらにASEANで最も人口が多く、所得水準の上昇率も高い国として、期待できる市場となるであろう〔苅込・中川・宮嶋 二〇一〇〕。しかし、所得水準が低いゆえ、海外ブランドへのプレミアム支払い意欲が低く、安くて経済的なものを重視する「価格志向」が強いとみられている〔中川・倉林・新見 二〇一三〕。

(4) フィリピン

ASEANではフィリピンの所得水準が低いものの、海外からの送金が多いということにより、消費市場の将来性としては、期待できるであろうが、多数の島からなる島嶼国家で、離島部では道路などのインフラの整備に時間を要することから、自動車の普及が緩やかなベースで進むであろうと予想されている。しかし、若年層人口が厚いことから、携帯電話をはじめとする情報・家電製品への関心が高いことで、市場ポテンシャルが大きいとみられている〔苅込・中川・宮嶋 二〇一〇〕。

(5) ベトナム

ASEANではベトナムはインドネシアに次ぐ人口の多い国だけでなく、順調な経済成長により、すでにCLMVを卒業し、近未来には中所得国の仲間入りにより、中間層に厚みを増すだけでなく、ASEANの若い国として、若年層の人口が増え、安いものを中心に、耐久消費財需要の高まりが期待できる〔苅込・中川・宮嶋 二〇一〇〕。

また、消費者行動に関しては、「健康関連支出の高さ」、欧米ブランドへのプレミアム支払い意向が高い」、「ウェブサイトによる購入志向の強さ」などの特性があるだけでなく、今後、TPP加盟により、小売業における外資規制が撤廃され、外資系流通業にとって、より多くのビジネスチャンスが恵まれるであろう。

要するにこれからのＡＳＥＡＮは所得水準の上昇により、従来、アジアの「生産拠点」としての成長から「消費主導の成長」へと転換すると見込まれている。それにともなって、自動車、電気製品、高価な日常生活用品への需要が高まるとともに、サービス業への需要、とくに観光、レジャー産業への需要も高まり、日本の「観光立国」の実現にとって、無視できないセクターとなるであろう。

3　ＡＳＥＡＮ経済共同体（ＡＥＣ）と域内観光市場の統合(7)

ＡＳＥＡＮは悠久な歴史と文化、多様な生活スタイル、豊かな自然環境などにより、歴史、社会、文化、人文などの面で、豊富な観光資源に恵まれており、観光産業は投資や貿易と並んで、域内の経済成長を支える原動力の一つでもある。そのため、ＡＳＥＡＮは地域全体の「観光戦略計画」を作成しただけでなく、地域統合のロードマップである「ＡＳＥＡＮ経済共同体（ＡＥＣ）ブループリント」及びそれを実現するための対策である「ＡＳＥＡＮ連結性マスタープラン」の中で、観光産業の振興を地域統合の重要な政策課題として取り上げられている。以下、それに基づいて、ＡＳＥＡＮ地域統合に向けた観光産業の政策を紹介したい。

（一）観光分野の地域統合

観光分野の地域統合はＡＥＣの優先分野の一つとして位置づけられており、現在のＡＳＥＡＮ共同体の枠組の中に外務大臣、経済大臣、交通大臣の会合と並んで、ＡＳＥＡＮ観光大臣会合は毎年開催されている。この観光分野における地域統合の対策として、二〇〇二年には首脳レベルで「ＡＳＥＡＮ観光合意」（ASEAN Tourism Agreement：ATA）に署名されて以来、二〇〇四年に経済大臣による「観光に関するＡＳＥＡＮ分野別議定書」の付表1「観光分野の統合に関するロードマップ」（Appendix I Roadmap for Integration of Tourism Sector：RITS）を、二〇一一年には「ＡＳＥＡＮ観光戦略計画」（ASEAN Tourism Strategic Plan：ATSP）を採択された。その中で、地域住民の生活の質の向上や機会の増大などの観点から観光の持続的可能性を目指して、定められた一貫した目標として、「域外からＡＳＥＡＮへの、及びＡＳＥＡＮ域内での旅行の促進」、「観光産業の効率性・競争力向上」、「観光関連取引の制約の縮減」、「観光魅力の極大化のための統合的なネットワークの形成」、「世界標準の施設・魅力を持つ単一観光市場化」及び「人材育成や施設・サービスの向上のための相互協力の強化」などの項目が示されており、ＡＥＣの実現に向けて、観光分野を統合するために実施すべき事項を盛り込まれている。

(二) 観光分野の戦略目標と行動計画

二〇一一年に採択された「ASEAN観光戦略計画」では二〇一一年から二〇一五年にかけて、下記のような三つの戦略的な方向性、及びその行動と具体的な活動を示した。

(1)戦略的方向性Ⅰ：旅行商品、マーケティング及び投資戦略の開発
戦略的行動①：観光マーケティング戦略の作成・実施
戦略的行動②：投資戦略と一体となった地域周遊旅行商品の開発
戦略的行動③：域外との関係強化

(2)戦略的方向性Ⅱ：人材・サービス及び施設の質の向上
戦略的行動①：認定手続きと一体となった観光関連基準の整備
戦略的行動②：観光関連専門職の資格の相互承認の実施
戦略的行動③：知識・技能の向上の機会の提供

(3)戦略的方向性Ⅲ：旅行の円滑化と連結性の強化
戦略的行動①：単一ビザの推進
戦略的行動②：交通の連結性強化のための他のセクターとの連携強化

ASEANはこのような加盟国相互及び域外から域内への国際旅行者数の増大を目指した戦略的

方向に向けて、着実的な行動と活動を展開している。とくに観光マーケティングに関しては、大衆旅行、体験型観光、創造的観光、探検型観光、ロングステイ、業務関連旅行などをターゲット市場として設定し、ブランド化した上で、インターネットを通じて、世界にアピールしている。

4　観光市場の実態

ASEANでは消費市場だけでなく、所得水準の上昇にともなって急拡大するのは観光市場である。国連世界観光機関（UNWTO）の報告書によると、二〇一二年には全世界の観光目的の旅行者数（到着者数）は延約一〇億人／次の大台を超えて、二〇二〇年には延約一三・六億人／次、二〇三〇年には延約一八・〇億人／次と増加していくと予想されている。二〇一二年には観光産業は世界GDPの九％、雇用の九・一％、輸出額の六％、サービス貿易輸出の三〇％に相当する一大産業部門となっており、新興市場の重要な一部分として、外貨収入、雇用・企業の創出、社会基盤の整備を通じて、社会経済的な進歩をもたらす主要な促進要因になりつつある(8)。

アジア太平洋地域は欧州に次ぐ世界第二位の観光市場であるが、とくに東アジアでは二〇〇〇年以降、中国とASEANの経済成長にともなって、観光市場も急速に拡大されてきており、東アジア新興市場の重要な部分となっている。なかでも中国とASEANの観光産業が目覚しい発展を遂げつつ

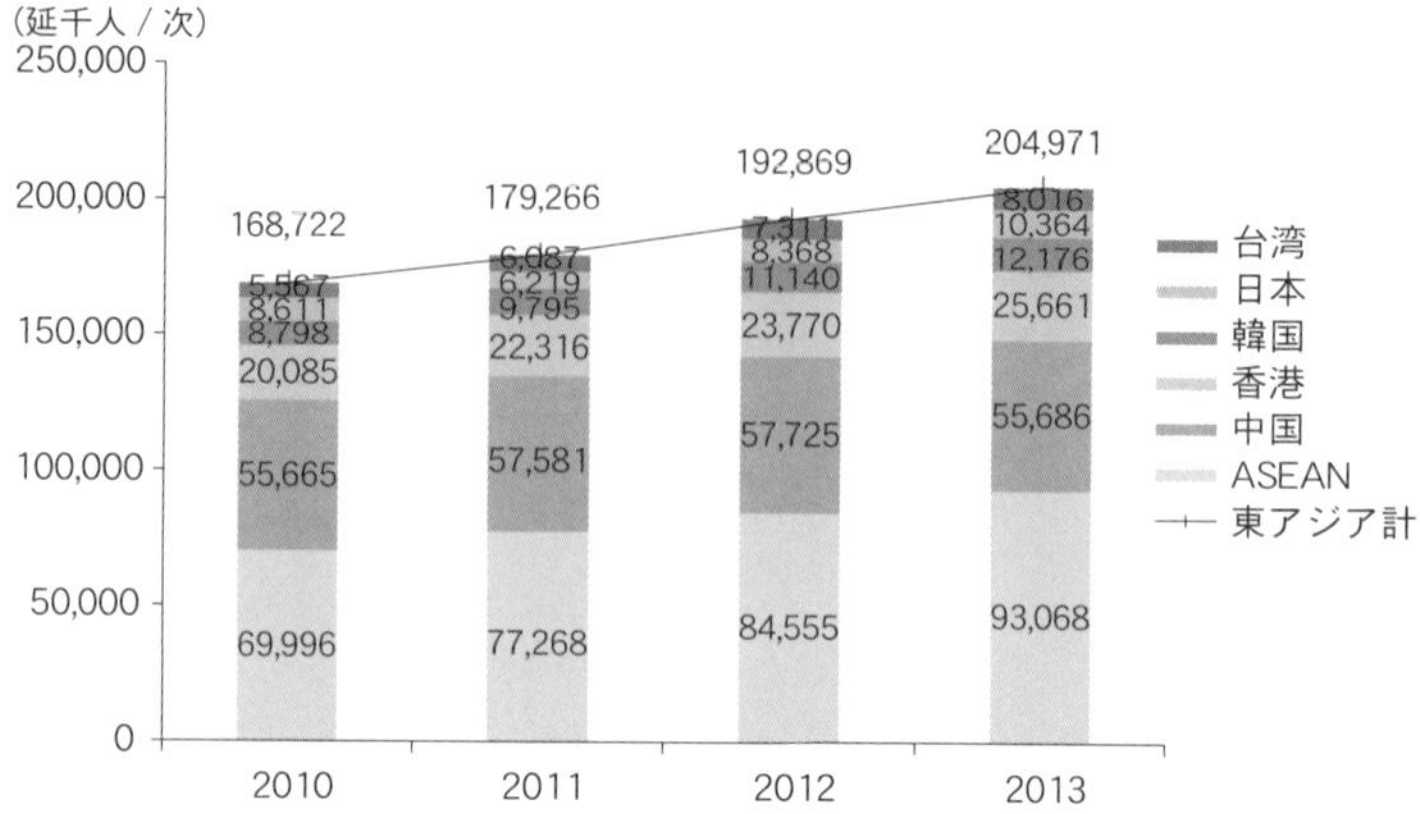

図６-２　東アジア諸国（地域）海外観光者受入数の推移

出所：UNWTO, *Tourism Highlights 2014 Edition* のデータより作成.

ある。以下、中国とＡＳＥＡＮに焦点を当てて、東アジアの観光市場の実態を明らかにしたい。

（一）東アジア国際観光市場の動向

観光市場に関しては、通常、インバウンドとアウトバウンドの二つの側面から捉えるが、以下においてもその二つの側面から東アジア観光市場の実態を考察しておこう。

(1) インバウンド

インバウンド、即ち一国の国際観光客の受入数はその国の経済、社会、文化、環境を総合的に反映するものであり、どの国も経済活性化を促すための重要な対策としてインバウンドに積極的に取り組んでいる。とくに新興国ではこのインバウンドによる国際観光収入の増加は、雇用の創出、貧困の撲滅、外貨取得及びそれによる資本蓄積を促進する重要な担い手となっている。

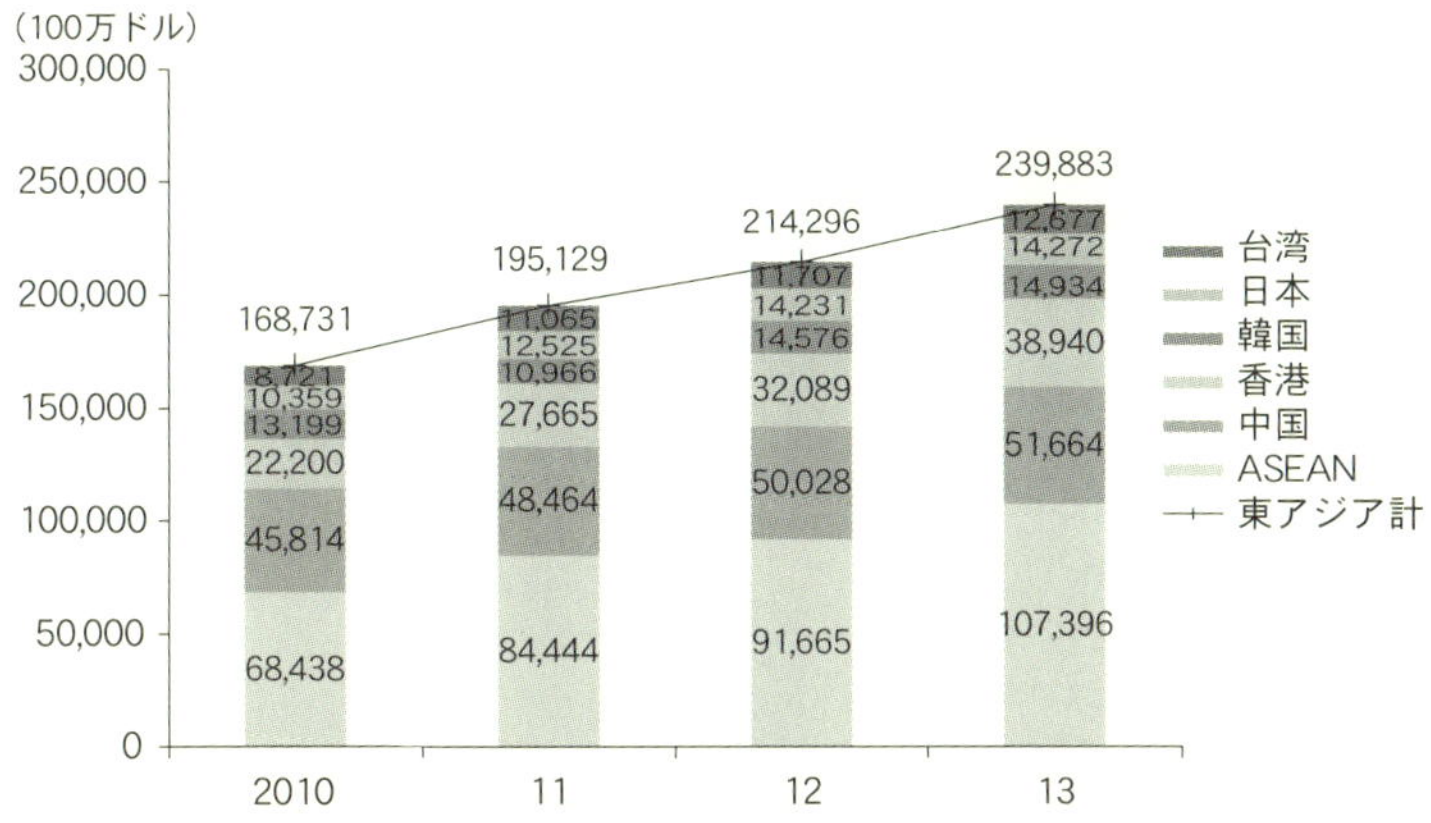

図６‐３　東アジア諸国（地域）国際観光収入額

出所：UNWTO, *Tourism Highlights 2014 Edition* のデータより作成.

東アジア諸国地域の国際観光客受入数についてみると、**図６‐２**のとおりである。(9) 二〇一三年には東アジアの受入観光客数は延約二億人／次で、国際観光収入額は二三九八・八億ドルとなっており、世界の国際観光客数（一〇・九億人）と国際観光収入総額（約一・二兆ドル）の約二〇％を占めており、ＥＵ（国際観光客数約五・六億人、国際観光収入約四八九〇億ドル）に次ぎ、世界第二位の国際観光地域である。また、大都市別の国際観光客受入数についてみると、世界上位二〇位には、タイのバンコク（第二位）、シンガポール（第四位）、マレーシアのクアラルンプール（第八位）、香港（第九位）、台北（第一五位）、上海（第一六位）、東京（第一九位）などの東アジア大都市がランクインされている。(10)

　また、**図６‐２**に示されているように、二〇一三年に東アジアの国際観光客受入数では第一位のＡＳＥＡＮは延約九三〇六・八万人／次で、東アジア全

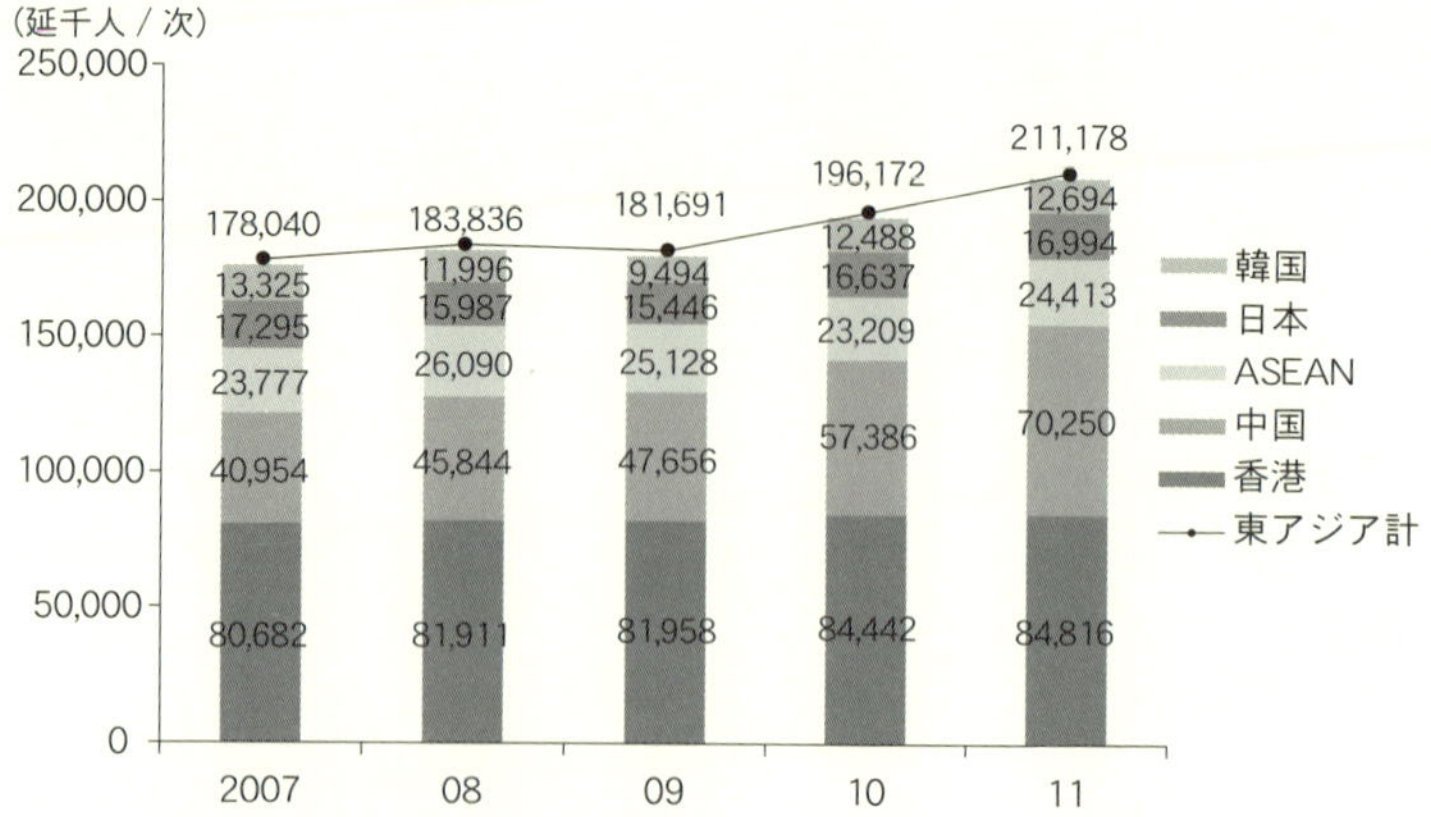

図６-４　東アジア諸国（地域）の海外への旅行者数の推移

注：ASEANの海外旅行者数に関しては，マレーシア，ベトナム，ミャンマー，ラオスが含まれていない．
出所：『世界統計年鑑』（第56版）より作成．

体の四五・四％を占めている。第二位の中国の延五五六八・六万人／次を加えると、約一・五億人で、東アジア全体の七二・六％という圧倒的なシェアを占めている。

また、東アジア諸国の国際観光収入に関しては、**図６-３**のとおり、ＡＳＥＡＮの二〇一三年時点での国際観光収入は中国の倍、日本の約六・二倍の一〇七三・九億ドルであり、圧倒的なシェアを占めている。

(2) アウトバウンド

東アジアのアウトバウンドに関しては、二〇〇〇年以降、中国とＡＳＥＡＮの所得水準の上昇にともなって着実に進展している。**図６-４**に示されているように、二〇一一年時点では東アジア（ＡＳＥＡＮ＋３）の海外への旅行者数は二〇〇七年と比べ、一八・六％増の延二億一一一七・八万人／次に

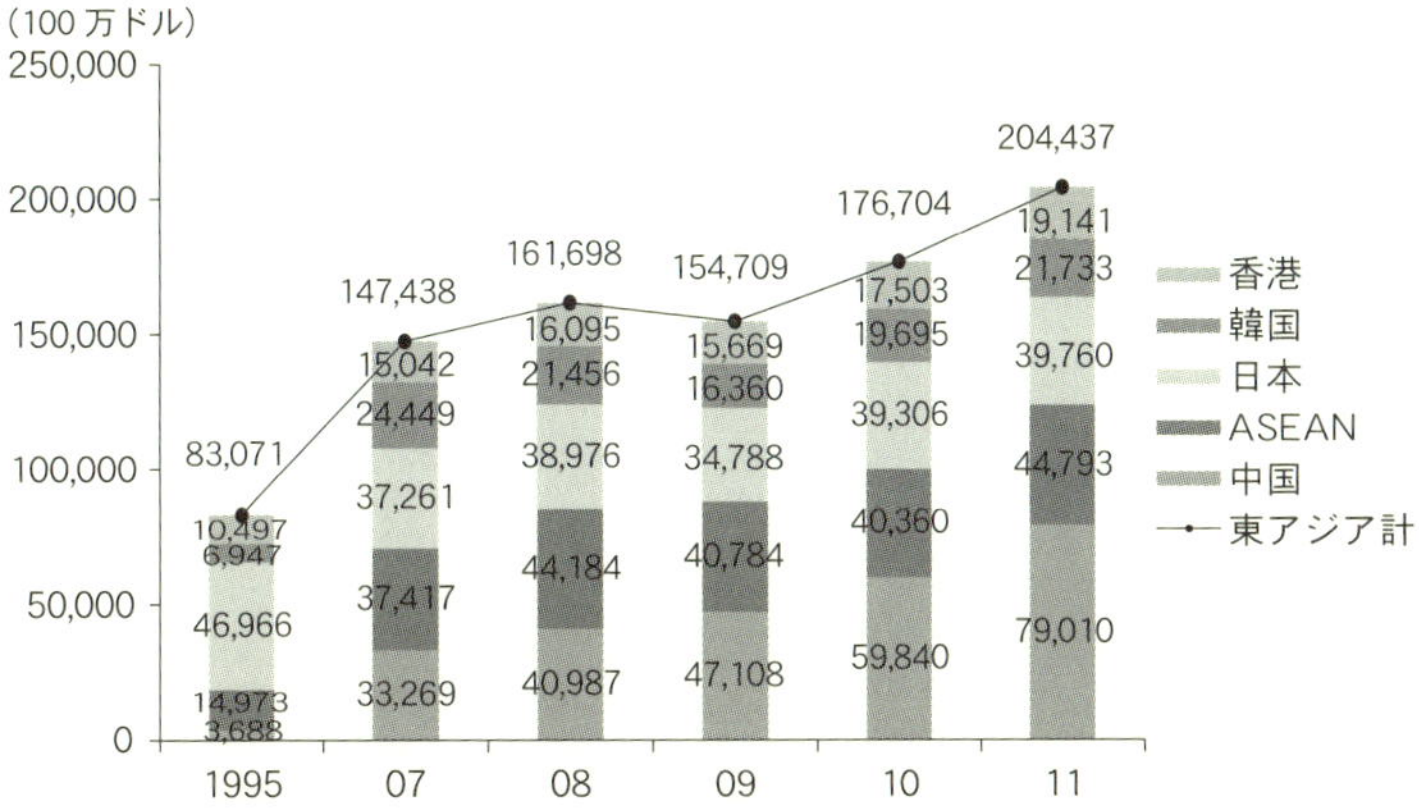

図6-5　東アジア諸国(地域)海外観光支出額の推移

注：ASEANのデーターに関しては，1995年のデーターにはブルネイ，ベトナム，2010年，2011年のデータにはマレーシア，ブルネイ，ミャンマーが含まれていない．
出所：『世界統計年鑑』(第56版)より作成．

達している。その内、最も多いのは香港であるが、中国（大陸）の海外への観光者数は二〇〇七年の延四〇九五・四万人／次から二〇一一年には七一・五％増の延べ七〇二五・〇万人／次に増えていた。中国国家統計局の発表によると二〇一三年には中国の海外への観光者数は延九八一九万人／次に上り、二〇一四年には延一億人／次を超えた(11)。

また、海外観光支出額についてみると、**図6-5**のとおり、東アジア全体では、一九九五年の八三〇・七億ドルから二〇一一年には二・五倍増の二〇四四・四億ドルとなっているが、その内、中国は七九〇・一億ドルで最も多く、それに続いて、ASEAN（四四七・九億ドル）、日本（三九七・六億ドル）、韓国（二一七・三億ドル）、香港（一九一・四億ドル）の順となっている。

この海外観光支出に関してとくに注目されるの

表6-2 ASEAN国際観光客受入数と国際観光収入

国名	到着旅行者数（単位：千人）				構成比（%）	国際観光収入（100万ドル）				構成比（%）
	2010	2011	2012	2013		2010	2011	2012	2013	
タイ	15,936.0	19,230.0	22,354.0	26,547.0	33.8	20,104.0	27,184.0	33,826.0	42,080.0	39.6
マレーシア	24,577.0	24,714.0	25,033.0	25,715.0	32.7	18,115.0	19,656.0	20,250.0	21,018.0	19.8
シンガポール	9,161.0	10,390.0	11,098.0	—	—	14,178.0	18,086.0	19,023.0	18,953.0	17.8
インドネシア	7,003.0	7,650.0	8,044.0	8,802.0	11.2	6,957.0	7,997.0	8,325.0	9,337.0	8.8
ベトナム	5,050.0	6,251.0	6,848.0	7,572.0	9.6	4,450.0	5,710.0	6,830.0	7,503.0	7.1
フィリピン	3,520.0	2,917.0	4,273.0	4,681.0	6.0	2,630.0	3,190.0	4,061.0	4,683.0	4.4
カンボジア	2,508.0	2,882.0	3,584.0	4,210.0	5.4	1,519.0	2,084.0	2,463.0	2,660.0	2.5
ラオス	1,670.0	1,786.0	2,140.0	—	—	382.0	406.0	451.0	—	0.0
ミャンマー	311.0	391.0	593.0	900.0	1.1	72.0	281.0	—	—	0.0
ブルネイ	214.0	242.0	209.0	225.0	0.3	—	—	—	—	0.0
合　計	69,950.0	76,453.0	84,176.0	78,652.0	100.0	68,407.0	84,594.0	95,229.0	106,234.0	100.0

注：合計はASEAN10カ国の単純合計であるので，UNWTOのデータには一致していない．
出所：UNWTO, *Tourism Highlights 2014 Edition.*

は、中国とＡＳＥＡＮの海外観光支出額の急増である。海外観光支出額が横ばいの日本と比べ、韓国と香港は増加しつつあるが、中国は一九九五年の三六・九億ドルから二〇一一年の七九〇・一億ドルへと二〇倍増であり、同期間のＡＳＥＡＮは一四九・七億ドルから四四七・九億ドルへと三倍増となっている。このことは、いうまでもなく所得水準の上昇にともなう旺盛な海外観光需要を反映したものであり、海外観光支出額の増加は著しい[12]。

(二) ＡＳＥＡＮの観光事情

前述したように、ＡＳＥＡＮの国際観光客受入数は東アジアの四五・四%を占めており、東アジアにおける重要な観光市場である。また、ＡＳＥＡＮの観光客受入数でも、国際観光収入でもタイは第一位で、ＡＳＥＡＮ観光市場の三割以上を占めており、以下、マレーシア、シンガポール、インドネシアの順となっており、この四カ国でＡＳＥＡＮ観光市

表6-3　ASEAN への国別旅行者数（2010 年）

（単位：千人，％）

	マレーシア	タイ	シンガポール	インドネシア	その他	ASEAN合計	構成比
ASEAN	18,826.3	4,534.2	4,819.8	3,052.3	4,357.7	35,590.3	48.7
中国	1,130.3	1,122.2	1,171.3	469.3	1,503.1	5,396.2	7.4
オーストラリア	580.7	698.1	880.5	771.8	574.6	3,505.7	4.8
日本	415.9	993.7	528.8	419.0	1,006.5	3,363.9	4.6
韓国	264.1	805.5	360.7	275.0	1,574.0	3,279.3	4.5
アメリカ	233.0	611.8	417.0	180.4	1,247.1	2,689.3	3.7
インド	690.9	760.4	828.9	137.0	66.2	2,483.4	3.4
イギリス	430.0	810.7	461.7	192.3	401.1	2,295.8	3.1
台湾	211.1	369.2	191.2	213.4	587.2	1,572.1	2.2
その他	1,794.9	5,230.6	1,978.8	1,292.4	2,570.7	12,867.4	17.6
合計	24,577.2	15,936.4	11,638.7	7,002.9	13,888.2	73,043.4	100.0

注：各国の調査方法が異なるため，このデータは必ずしもUNWTOのデータに一致するわけではない.
出所：ASEAN各国政府観光局・統計局（国際機関日本・ASEANセンターHP）.

場の七割以上という圧倒的なシェアを占めている（**表6-2**）。

また、ASEANへの国別観光客の到着数についてみると、ASEAN域内観光はASEANへの観光客数の四八・七％を占めており（**表6-3**）、とくにマレーシア、タイ、インドネシア、シンガポールなどASEAN四カ国間において、観光客の相互移動が盛んだということがみてとれる。

また、域外からASEANへの国別観光客についてみると、中国は全体の七・四％を占めて第一位であるが、ASEANに近いオーストラリアの観光客は全体の四・八％で第二位である。しかし、中日韓の観光客合計についてみると、全体の一六・五％であり、台湾を加えると、一八・七％となる。ASEAN観光市場においても東アジア域内観光は九割以上となっており、東アジア域内観光は圧倒的なシェアを占めている。

さらにマレーシア、インドネシア、タイ、シンガポールなど、ASEAN四カ国の海外への観光についてみると、域

表6-4　ASEANから海外へ渡航別旅行者数（2009年）

（単位：千人，％）

	インドネシア	マレーシア	シンガポール	タイ	合計
ASEAN	4,448.5	4,027.5	1,495.1	3,489.9	13,461.0
マレーシア	2,405.4	—	12,733.1	1,449.3	16,587.8
シンガポール	1,745.3	764.3	—	317.9	2,827.5
タイ	226.5	1,748.3	651.5	—	2,626.3
インドネシア	—	1,179.4	1,272.9	109.6	2,561.9
ベトナム	27.3	165.6	138.4	159.6	490.9
フィリピン	29.2	68.7	98.3	34.2	230.4
カンボジア	9.6	77.8	41.3	102.0	230.7
ラオス	3.2	13.8	5.3	1,247.1	1,269.4
ミャンマー	2.1	9.7	10.7	43.3	65.8
中国	469.0	1,059.0	889.5	541.8	2,959.3
日本	63.6	89.5	145.2	177.5	475.8
香港	263.9	326.3	456.7	303.2	1,350.1
韓国	81.0	80.1	96.6	191.0	448.7
オーストラリア	108.7	211.5	285.3	81.8	687.3
アメリカ	50.2	43.3	107.4	69.2	270.1

出所：ASEAN・JAPAN CENTRE 「ASEAN日本統計集」.

内への観光は一三四六・一万人で、域外観光客数を遥かに上回っている（表6-4）。この域内観光のほとんども四カ国間の域内観光であるが、隣接しているタイからラオスへの観光客がとくに多いということは、空間的距離が観光地を決める重要な要素であることを反映している。

以上の考察からもわかるように、観光産業は一国の都市化の進展と所得水準の向上と密接に関連している。ASEANにおいても、新興観光市場としては経済が進んでいる先発四カ国にとどまっている。後発のCLMV諸国は経済発展段階からみれば、低所得国から脱出したばかりで、東アジア新興市場としては現状ではさほど期待は出来ないが、将来、所得水準の上昇にともなって、観光市場も拡大することは間違いないであろう。

むすびにかえて

要するに都市化の進展及び所得水準の上昇により、中間層・富裕層の消費水準と消費構造の変化により、従来、アジアの重要な生産拠点として注目されていたＡＳＥＡＮは、新興市場として急浮上している。

ＡＳＥＡＮ諸国は、現在、国ベースでみれば、日本、韓国、台湾、シンガポールなどの先進国（地域）とはかなりの経済格差があるにもかかわらず、急速に発展してきた大都市の所得水準や消費スタイルは先進国（地域）とフラット化しつつある。それは単に高付加価値製品への需要が増加しているだけでなく、レジャー、娯楽、海外観光旅行などの需要にも反映されつつある。

ＡＳＥＡＮは約六億もの人口をもっているだけでなく、悠久な歴史と文化、多様な生活スタイル、豊かな自然環境などにより、歴史、社会、文化、人文などの豊富な観光資源に恵まれており、観光産業は投資や貿易と並んで、東アジア経済を支える新たな原動力として、巨大な潜在力をもっているといえよう。

加えて、前述したように、急速に拡大しつつある観光市場においても、域内観光が圧倒的なシェアを占めているのは、東アジア地域観光市場の特長ともいえる。今後、各国における観光資源の整備、さらなる所得水準の上昇にともなって、投資・貿易の拡大による自然的経済圏とならんで、ＥＵを凌駕する東アジア観光圏も浮上しつつあり、観光産業も東アジアの新たな成長をもたらす有望なセクターになると期待できる。

注

（1）『日本経済新聞』朝刊、二〇一四年三月一〇日。
（2）東南アジア大都市圏の形成歴史に関しては、生田［二〇一二］を参照されたい。
（3）二〇一一年時点では、中国都市別の一人当たりＧＤＰが一万ドルを越えたのは北京、上海、天津などの直轄市の他、広東省の深圳、広州、珠海、佛山、中山、東莞、江蘇省の蘇州、無錫、南京、鎮江、浙江省の杭州、寧波、嘉興、紹興、山東省の青島、煙台、威海、東営、淄博、遼寧省の大連、瀋陽、鞍山、内モンゴルの包頭、オルドス、福建省のアモイなど、計二八の沿海都市である（中国国家統計局編『中国区域経済年鑑』二〇一四年版）。
（4）世界銀行は一人当たりＧＤＰに基づいて、九九六ドル以下を低所得国、九九六―三九四五ドルを低位中所得国、三九四五―一万二一九六ドルを高位中所得国、一万二一九六ドル以上を高所得国と定義されている（World BANK "World Development Indicator"）。
　また、家計可処分所得の定義に関しては、年間可処分所得五〇〇〇ドル以下は低所得層、五〇〇〇―一万五〇〇〇ドルはローワーミドル層、一万五〇〇〇―三万五〇〇〇ドルはアッパーミドル層、三万五〇〇〇ドル以上は富裕層である。
（5）経済産業省『通商白書二〇一〇年』一八六ページ。

（6）みずほ総研の調査は苅込・中川・宮嶋［二〇一〇］、野村総研の調査は中川・倉林・新美［二〇一三］を参照されたい。
（7）ASEAN地域統合に向けた観光政策に関しては、「ASEANの輸送観光事情」（http://www.mlit.go.jp/common/000229854.pdf，二〇一五年一二月二八日閲覧）を参照されたい。
（8）UNWTO, *Tourism Highlights 2015 Edition.*
（9）本章でいう東アジアは「ASEAN＋3」を指してはいるが、観光市場を考察する場合、香港と台湾は東アジアの重要な観光市場としては無視できない存在であるので、統計データが利用できる限り、この二つの地域を視野に入れて考察したい。
（10）UNWTO, *Tourism Highlights 2014 Edition.*
（11）中国国家統計局編『中国統計年鑑』二〇一五年版。
（12）ASEANの海外観光支出においては、海外観光者数の多いマレーシアが含まれていないので、このデータはかならずしもASEAN海外観光支出の実態を反映するものではない。

第7章

ASEAN新興市場と日本企業の課題

はじめに

今後のASEANを展望するには三つの視点が重要である。その第一は二〇一五年末にはASEAN共同体（AC）の発足により、ASEANは単一の市場と生産拠点となること、第二はRCEPの締結により、ASEANはアジア太平洋地域との連結性が強まること、第三は域内所得水準の上昇により、巨大な消費財市場になることである。これにより、ASEANはアジアの生産拠点と消費市場という二つの面で、そのプレゼンスが高まるのであろう。

一方、日本にとって、このようなASEANは二つの意味合いがある。その一つは中間財・資本財を中心とする工業製品の市場であり、今後、日本企業の現地生産拡大にともなって、これらの工業製品の輸出も増加すると見込まれている。もう一つは消費財分野では厚みを増しつつある中間層・富裕層向けの事業展開をいかに進めていくかのことである。

現在、ＡＳＥＡＮ市場では積極的な事業展開を進めているのは、日中韓の企業であるが、そのいずれも地理的にＡＳＥＡＮに近いし、ＡＳＥＡＮへの事業展開のあり方にも類似点が多い。その中で、日本企業は技術的な優位に立っているだけでなく、ＡＳＥＡＮでの現地生産の歴史も長いため、中間財・資本財の分野ではすぐれているが、現在、中国、韓国及び台湾企業の追い上げに迫られている。その結果、半導体、太陽光パネル、液晶パネル、薄型テレビなどの分野では、中国・韓国企業の国際競争力が強まり、世界シェアを大きく伸ばす中で、日本企業の存在感が低下しつつある。

また、消費財分野では日本企業は中韓企業と比べ、品質・安心・安全などの面で、強いブランド力を持ってはいるものの、市場参入のあり方では多くの課題に直面している。

因みに本章ではまず、中間財・資本財を中心に、日中韓企業の国際競争力の変化を比較した上で、消費財を含めた日本企業のＡＳＥＡＮ向けの事業展開のあり方を考察したい。

1　中日韓企業の国際競争力の変化

工程間国際分業を中心とする東アジア国際生産ネットワークでは中核的な役割を果たしているの

は、中日韓であるが、二〇〇〇年以降、中国の台頭により、東アジア国際生産ネットワークの構造も中日韓の国際競争力も大きく変わりつつある。

産業の国際競争力に関する評価方法は様々あるが、一般的にはコンスタント・マーケット・シェア（Constant Market Share：CMS）[1]と貿易特化係数という二つの分析方法がある。前者は国際貿易の量的変化を反映するとすれば、後者はその国（地域）の国際競争力、即ち、国際貿易の質的変化を反映するといえよう。[2]以下、この二つの方法で、一九八〇年代から二〇一三年までの中日韓の国際競争力の変化を考察したい。

（一）中日韓ASEAN対世界輸出構造の変化

かつて、「世界の工場」としての中国は中間財を輸入して、最終財を輸出するという輸出加工型、あるいは組立生産型構造といわれていたが、二〇〇〇年以降、その構造が急速に変容しつつある。その輸出構造の変化は**図7‐1**に示されているように、中国は素材を除いて、すべての貿易財においての、東アジア最大の生産国となっている。その中で最終財としての消費財と資本財の輸出増加は共に顕著であるが、二〇一一年には資本財は消費財を抜いて、最大の輸出品目となっている。

とくに二〇〇〇年から二〇一三年の間、金額ベースでの資本財輸出に関しては、韓国は横ばい、日本は低下、ASEANは緩やかに増加しているのに対し、中国は一九九〇年の八四・一億ドルから

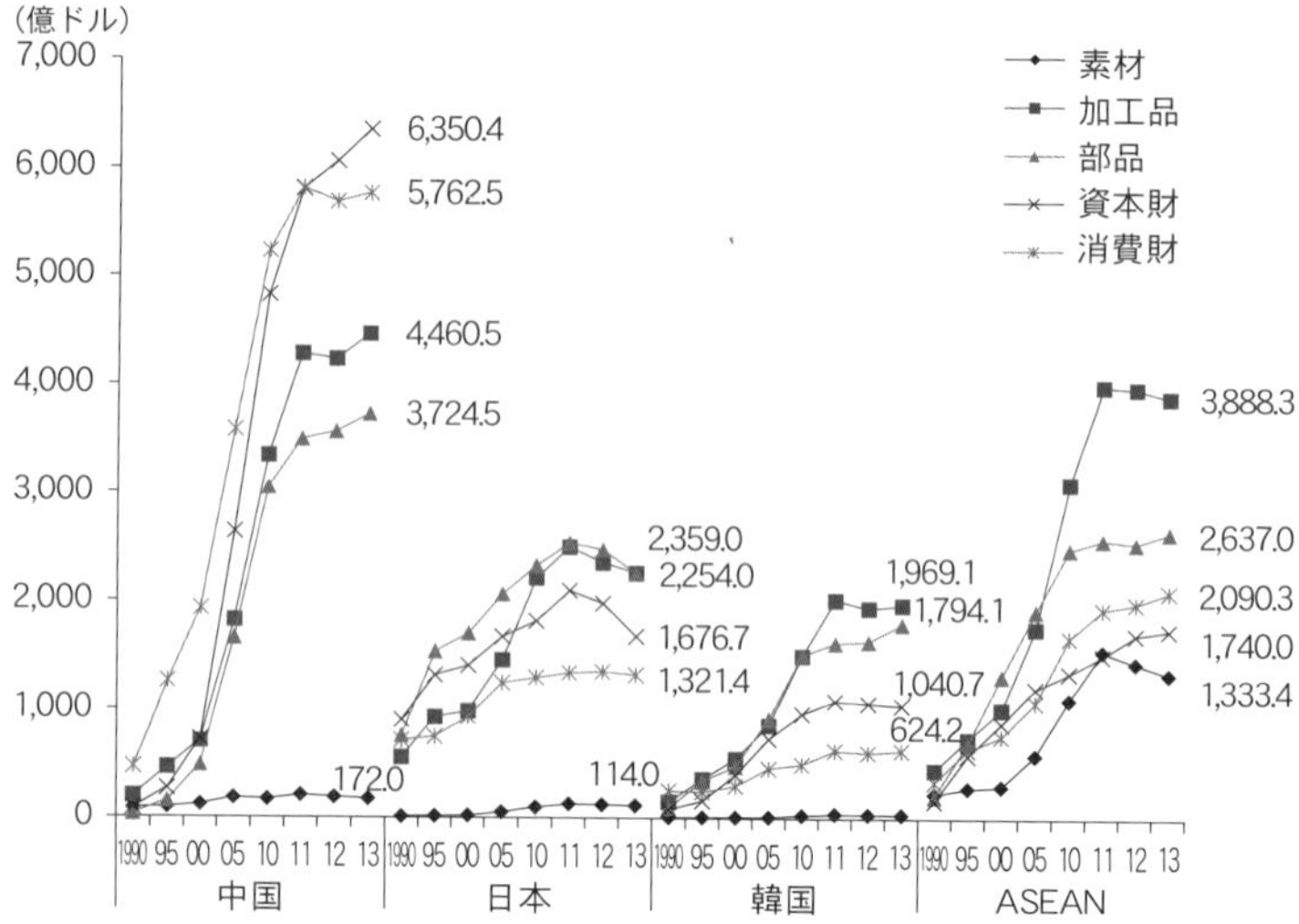

図7-1　中日韓 ASEAN 対世界輸出構造の変化(金額ベース)

出所："RIETI-TID2013" (http://www.rieti-tid.com/trade.php) より作成.

二〇一三年の六三五〇・四億ドルへと、二三年間で七四・五倍増加し、世界資本財輸出の二五・三%を占めている。このような世界市場での資本財輸出のシェア拡大は中国の資本財輸出は世界資本財の伸び率を遥かに上回った成長率で増加し、その国際競争力が急速に強まったことを物語っている。その結果として、**図7-2**に示されているように、日本、韓国、ASEANのいずれも、加工品と部品からなる中間財輸出比率は五〇%以上となるのに対し、中国の輸出では資本財の輸出比率は三一・〇%で、第一位の輸出品目となっている。

中国の資本財輸出拡大は主に一九九〇年代から始まった重化学産業を重点的に育成する産業政策の効果だと考えられる。即ち、経済

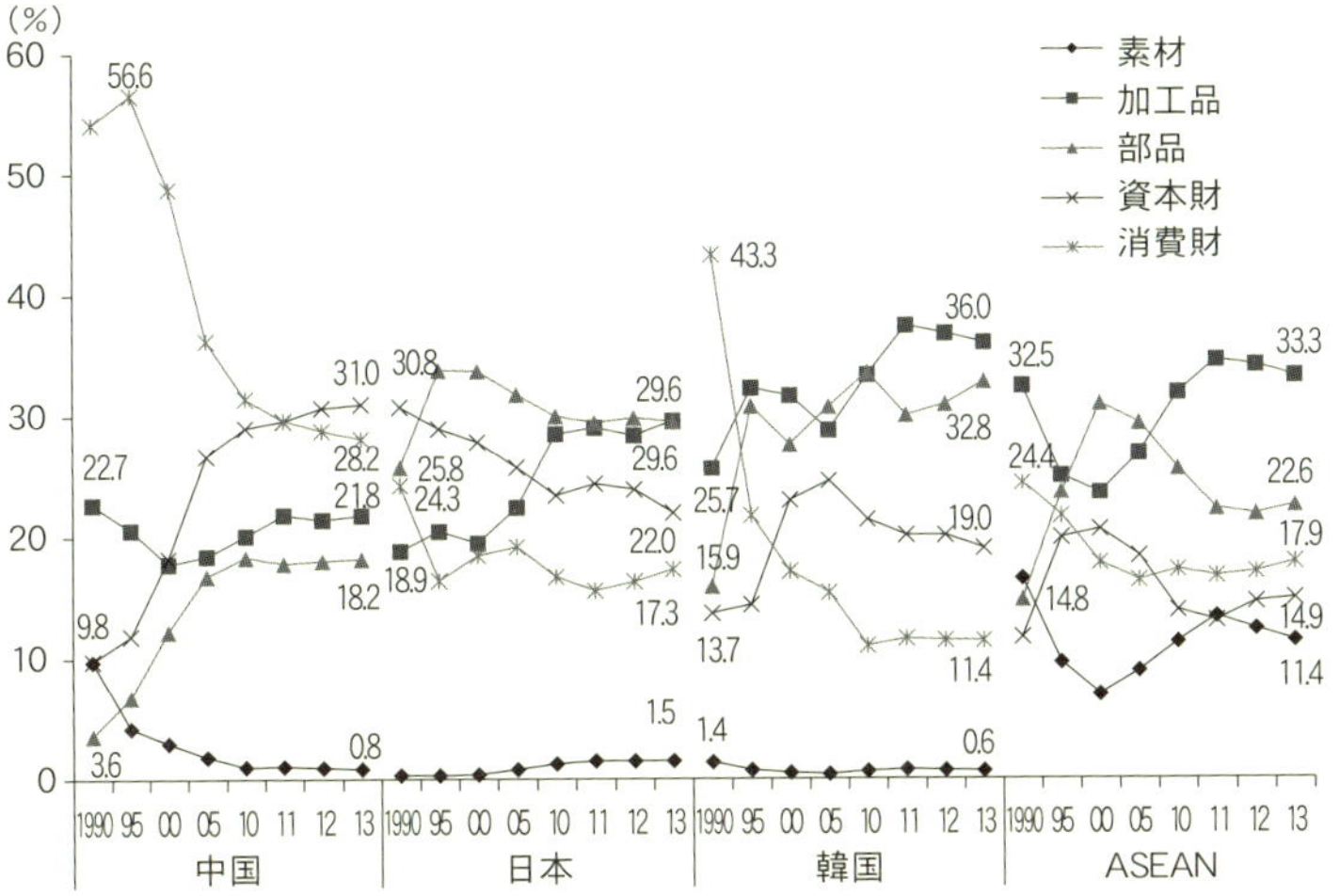

図７-２　中日韓 ASEAN 対世界輸出構造の変化（構成比ベース）

出所：“RIETI-TID2013”（http://www.rieti-tid.com/trade.php）より作成.

改革・対外開放が始まった一九八〇年代では、中国の産業政策は主に内需向けの食品、繊維などの軽工業及び輸出向けの労働集約型産業の育成を中心としていたが、一九九〇年代以降、軽工業発展の「後方関連効果」として、鉄鋼、化学、機械などの重化学産業への需要が高まって、輸入が急増したことに対して、国家の産業政策重点は労働集約型産業の輸出拡大を推進すると共に、重化学産業の重点的育成と「輸入代替工業化」政策にシフトしはじめた。二〇〇三年に実施した「装備製造業振興計画」により、重化学産業の飛躍的成長をもたらしたからである。このような産業構造の変化は東アジア国際分業ネットワークとも密接にかかわっているが、これは輸出の量的拡大だとすれば、以下、輸出構造の質的変化の指標としての貿易特化係

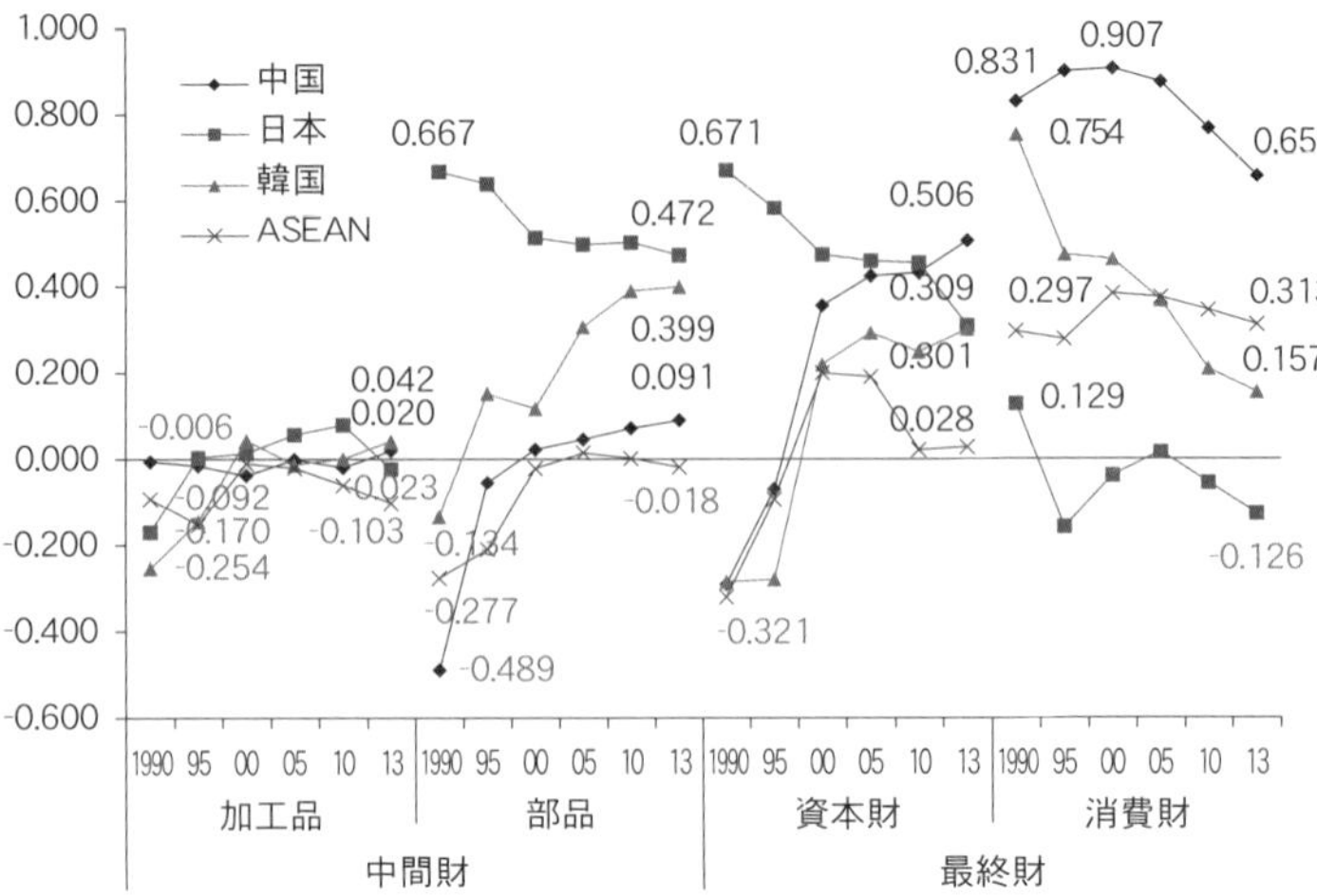

図7-3　中日韓ASEAN対世界財別貿易特化係数の変化

出所："RIETI-TID2013" (http://www.rieti-tid.com/trade.php) より作成.

数により、中日韓ASEANの国際競争力を分析し、東アジア国際生産ネットワークの変容を考察したい。

(二) 貿易特化係数からみた国際競争力の変化

輸出構造の変化は輸出競争力の量的変化だとすれば、貿易特化係数は質的国際競争力だといえよう。以下、**図7-3**の貿易特化係数により、中日韓ASEANの国際競争力を考察したい。

(1) 加工品産業[3]

加工品は工程間国際分業の主要品目として、東アジア対世界輸出でも対域内輸出でも第一位のシェアを占めてはいるが、中日韓ASEANには大きな競争優位の格差はみられていない。しかし、その変化としては、いずれの国(地域)は一九九〇年時点ではマイナスであったが、二〇一三年には韓国と中国はプラスに転じており、韓国は中国よりやや高いのである。しかし、そのいずれも顕著な競争優位がみられず、世界とは産業内国際分業の範疇に属している。

(2) 部品産業

部品は工程間国際分業の取引品目として、加工品より付加価値が高いと考えられる。そのため、高度な技術を持っている日本は、顕著な競争優位を持っているが、一九九〇年の〇・六六七から二〇一三年の〇・四七二まで低下しており、国ベースの比較優位が低下しつつあるといえよう。これに対し、韓国は一九九〇年－〇・一三四から二〇一三年の〇・三九九まで上昇し、日本に迫っている。それは主に半導体を中心とする電子部品の輸出拡大が寄与していると考えられる。中国は一九九〇年には－〇・四八九という競争劣位から〇・〇九一まで上昇し、ASEANもマイナスからゼロに近付いている。しかし、中国もASEANも顕著な競争優位がみられず、産業内国際分業の範疇に属し、加工組立型生産段階にとどまっていることを表している。

(3) 資本財産業

東アジアの資本財の競争優位の変化が激しいのである。とくに従来、顕著な競争優位を持っていた日本は、一九九〇年の〇・六七一から二〇一三年の〇・三〇九までに大幅に下落したのに対し、韓国は同時期の－〇・二八五から日本とほぼ同水準の〇・三〇一まで上昇し、ASEANもある程度、国際競争優位の上昇がみられるが、産業内国際分業の段階にとどまっている。これに対して、中国は同期間の一〇・二九一から日本を抜いて、〇・五〇六まで急上昇したことから国際競争力は強まりつつあるといえよう。

産業発展段階説によれば、資本財は高度な資本・技術集約型産業であるため、先進国は途上国に対し、競争優位を持つ分野でもある。しかし、中国の資本財産業は生産量においても競争優位においても日本を抜いたのは、二〇〇〇年以降、中国の自動車生産量の急拡大にともなって、多くの工作機械メーカーは内需を満たすための現地生産を拡大したこと、モジュラー型生産方式の進展により、中国のローカル企業も外国からモジュールを輸入し、国内での組立を盛んに行ったこと、二〇〇三年に中国政府が実施した装備製造業の重点的育成政策(4)が奏功したことなどが考えられる。

(4) 消費財産業

消費財産業は代表的な労働集約型産業であるが、**図7-3**のとおり、韓国の貿易特化係数はピーク時の一九九〇年の〇・七五四から二〇一三年の〇・一五七に落ち込んで、すでに消費財輸出国から卒業したといえよう。

中国の場合、消費財産業はかつて主要輸出品目であり、**図7-1**に示されているように、二〇一三年には五七六二・五億ドルであった。また、**図7-2**に示されているようにピーク時の一九九五年には輸出総額の五六・六％を占めており、それ以降、輸出比率が年々低下し、二〇一三年には二八・二％に下落した。

その国際競争力についてみると、図7-3に示されているように、ピーク時の二〇〇〇年には〇・九〇七という圧倒的な競争優位を有していたが、二〇一〇年以降、中国の産業構造調整、人件費の上昇による外資系企業の生産拠点の海外移転（チャイナ・プラス・ワン）により、輸出額が伸び悩み、貿易特化係数も低下し続け、二〇一三年には〇・六五七に落ち込んだ。現在、依然として、世界の消費財輸出大国であるものの、その国際競争力が失いつつあるといえよう。

ASEANでは近年、外資系企業の「チャイナ・プラス・ワン」として、主な輸出拠点の移転先となっている。しかも、一九九〇年以来、消費財産業の輸出が順調に拡大し続けていった。しかし、輸出シェアが小幅ではあるものの、低下しつつあり、また、貿易特化係数からみて、顕著な国際競争力もみられていない。二〇〇〇年以降、CLMVの消費財輸出が急拡大してはいるが、ASEAN全体の消費財の輸出拡大への寄与が小さいといわざるを得ない。

(三) 日本対ASEANへの輸出低迷

このようなASEANと東アジアとの貿易が拡大する中で、日本の対ASEAN輸出は楽観視できない。図7-4のとおり、二〇〇〇年以降、日本企業の対世界主要市場の輸出は、リーマン・ショック以降、急回復したものの、二〇一二年をピークに急減少に転じた。その中で、二〇一一年から尖閣諸島をめぐる日中関係の悪化により、対中輸出が急速に減少した他、二〇一二年から対ASEA

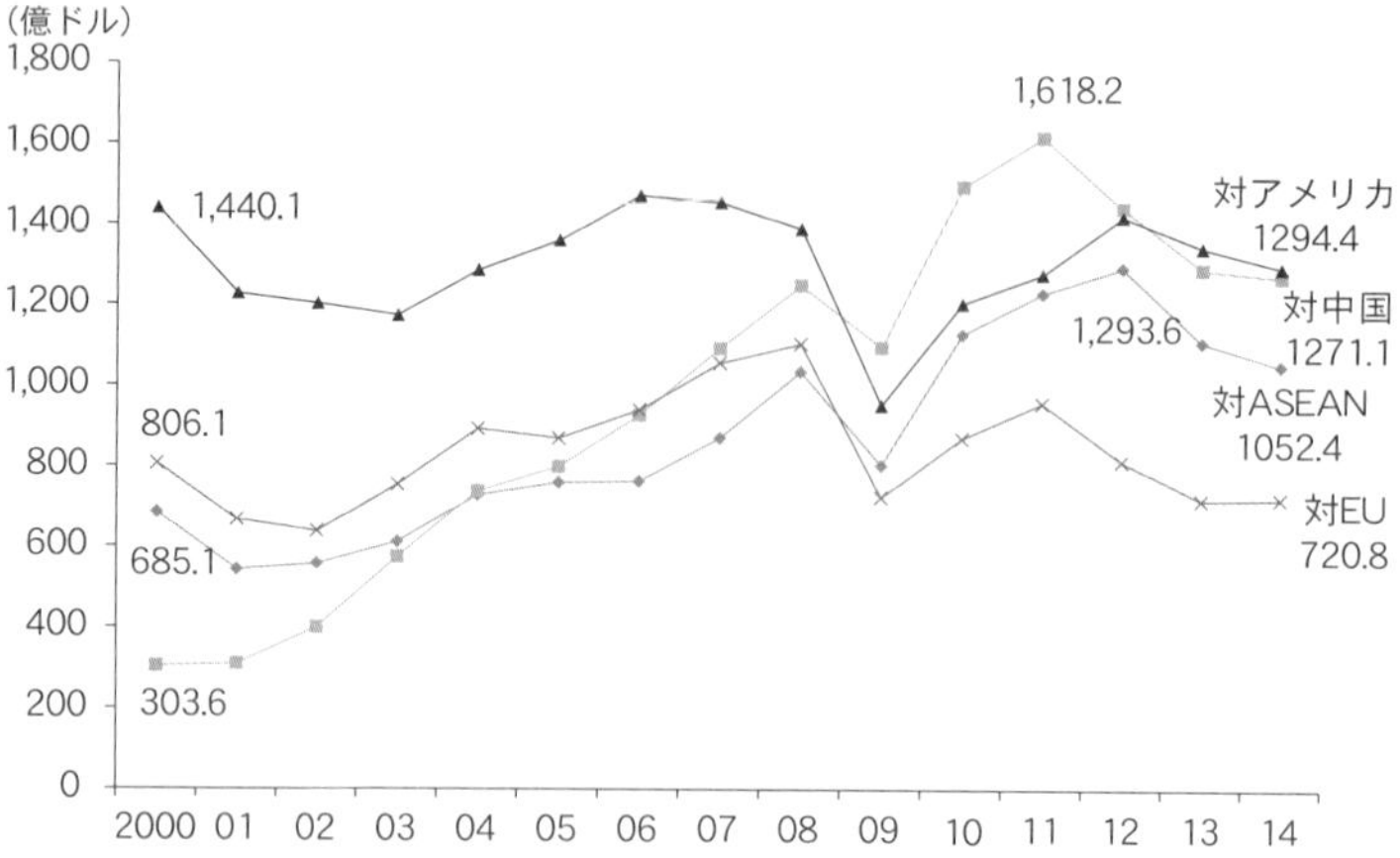

図7-4　日本の国・地域別輸出動向

出所：JETROアジア大洋州課のデータベースより作成.

Nの輸出も一二九三・六億ドルから二年連続減少し、二〇一四年には一〇五二・四億ドルまで低下した。そのいずれもASEANにおける日本企業の存在感は低下しつつあると物語っている。

JETROの調査によれば、二〇一四年、日本対ASEANの輸出が減少した背景には主にタイ、インドネシア向けに自動車関連の輸送機器の輸出減によるものだといわれているが、その背後には構造的問題が存在するのではないかと考えられる。その背景には東アジアにおける複雑な大国関係、中国、韓国などの後発国の追い上げ、政府レベルの対外通商政策、企業レベルのアジア向け経営戦略などの面での構造的問題が含まれており、日本では政府も企業も、アジアの将来市場を確保するために、一貫した方向性に向かって取組んできたとはいえない。今後、巨大化しつつあるアジア新興市場を確保するために官民共同の努力が不可欠であるが、そのために対外政策の見直しが必要である。

2　ASEANを輸出拠点としての二次事業展開

ＡＥＣの発足にともなって、ＡＳＥＡＮ域内だけでなく、ＡＳＥＡＮと世界二大新興市場である中国、インドとの関税引下げ、非関税障壁の撤廃、通関手続きの簡素化なども進展するとみられている。これにより、ＡＳＥＡＮ各国は単に現地市場とＡＳＥＡＮ域内市場の確保だけでなく、欧米及び中国、インドなどのアジア新興国市場への輸出拠点としての重要性も増している。しかし、ＡＳＥＡＮは単一の生産拠点といっても、各国の経済発展段階、投資環境、地理的条件、産業集積などには大きな差があるため、各国での事業展開のあり方もそれぞれ異なる。以下、日本企業のＡＳＥＡＮでの事業展開の現状を明らかにした上で、産業別・国別の事業展開のあり方を考察したい。

（一）ＡＳＥＡＮに進出する日系企業の輸出活動

日本企業の対ＡＳＥＡＮ進出は基本的にはＡＳＥＡＮの経済・金融センターに位置しているシンガポールと日本企業の主な生産拠点であるタイを中心としている。二〇一一年のタイ大洪水により、二〇一二年にはタイへの直接投資が一旦冷え込んではいたが、二〇一三年には日本の自動車メー

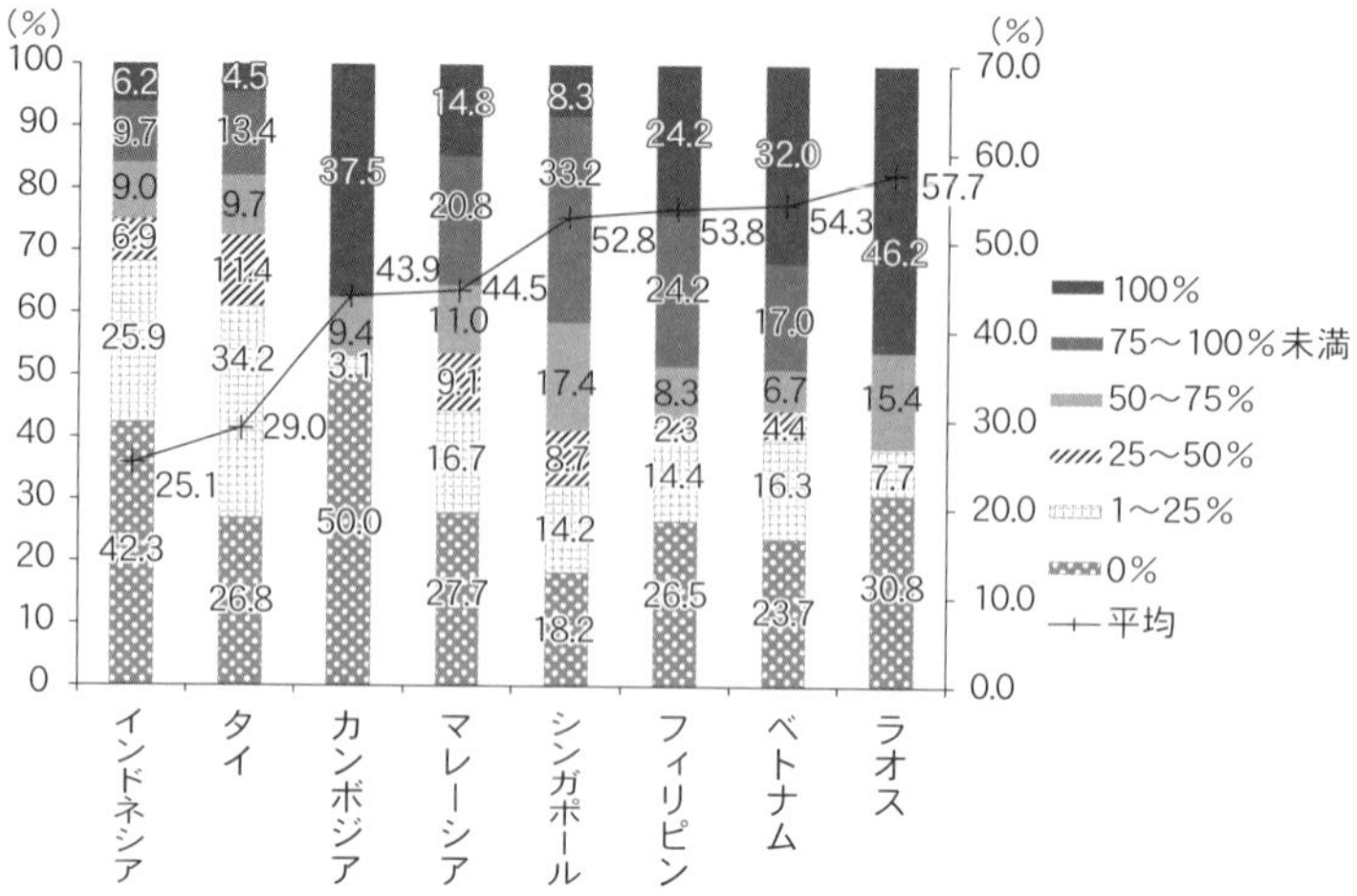

図7-5　在ASEAN日系企業の輸出比率

出所：JETRO『在アジア・オセアニア日系企業活動実態調査2014年』より作成.

カーの現地生産拡大にともなって、再び拡大し、二〇一四年には五二三・四億ドルに達し、日本の対ASEAN国別直接投資残高ではシンガポールを抜いて、第一位の三六・七%となり、第二位のシンガポールへの直接投資残高を加えると、そのシェアは六六・七%となる。さらに対インドネシア、対マレーシアを入れると、一三五三・二億ドルであり、日本の対ASEAN直接投資の八五・四%となっている（第四章**図4-7**参照）。このことから日本の対ASEAN直接投資はASEAN先発四カ国に集中していることが伺える。

　しかし、こうした中の変化として、日本対ベトナム直接投資は二〇〇六年以降、急速に増加し、二〇一四年には一二〇・一億ドルとなり、フィリピン（一一一・六億ドル）を抜いて、マレーシア（一三七・一億ドル）に迫っている（第四章**図4-

7参照)。最近、日本企業はCLM諸国への関心が高まってはいるが、このような国別直接投資構造からみて、現時点では、CLM諸国への直接投資が少なく、様子見の段階に留まっているといえよう。

図7-5に基づいて、ASEANに進出している日系企業の輸出活動についてみると、各国での輸出活動は大きく異なっている。即ち、人件費の安いラオス、ベトナム、フィリピン及び輸出加工を奨励しているシンガポールではその輸出比率が五〇%以上で割合に高いのであるが、現地の市場規模の大きいタイとインドネシアでは輸出比率が三〇%以下で低いのである。とくに人口の多いインドネシアでは、輸出比率〇%の内需企業は四二・三%となり、多くの日系企業はいわゆる現地市場を狙う「内販型企業」ということである。ただし、所得水準の高いマレーシアに進出している日系企業の平均輸出比率が四四・五%で、その中で輸出比率五〇%以上の企業は四六・六%となっており、マレーシアはASEANにおける重要な新興市場だけでなく、輸出拠点としての役割も注目すべきである。

また、ASEANに進出している日系企業の国・地域別輸出先についてみると、図7-6に示されているように、所得水準の高いシンガポールでは、製品の五六・七%は、シンガポールに次いで所得水準の高いマレーシアでは製品の四一・二%はASEAN域内に輸出しているが、逆に所得水準の低いカンボジア、ミャンマーでは、その七割前後は日本向けの輸出であり、その中間的な存在であるタイ、インドネシアでは、日本への輸出より、ASEAN域内への輸出が多いのである。

一方、日本、ASEAN以外の輸出先についてみると、欧米市場を除いて、中国への輸出比率が

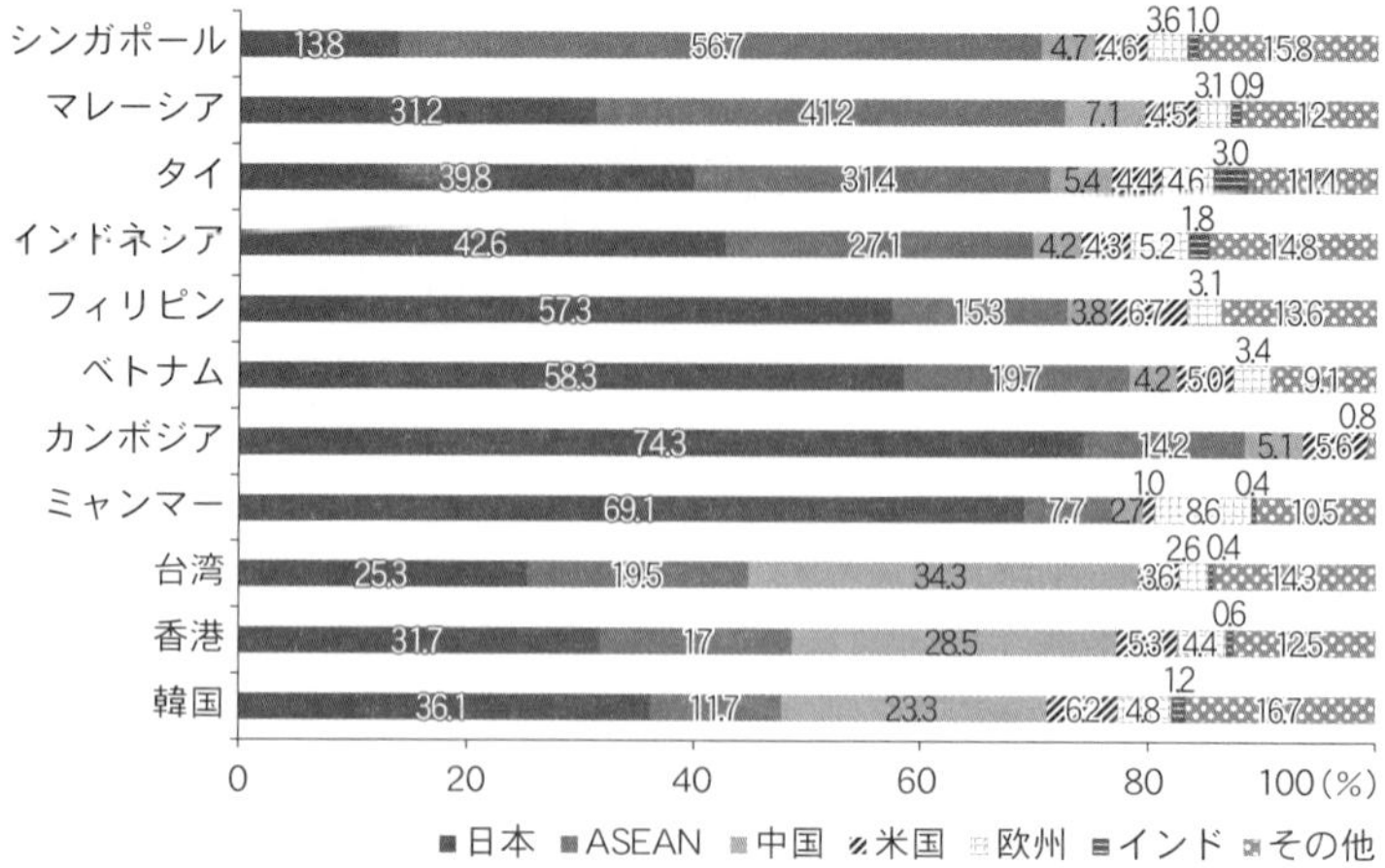

図7‐6　在ASEAN日系企業の国・地域別輸出先

出所：JETRO『在ASEAN日系企業活動実態調査2014年』より作成.

高いことである。その中で、日系電子部品メーカーによる対中輸出が増加しつつあるマレーシア（七・一％）は、最も高いのであるが、シンガポール（四・七％）、タイ（五・四％）、インドネシア（四・二％）などのASEAN先発国がいずれも高い比率を示している。しかし、**図7‐6**のとおり、中国とのつながりが強い台湾（三四・三％）、香港（二八・五％）、韓国（二三・三％）と比べ、ASEANに進出している日系企業の対中輸出比率は極端に低いことがわかる。

　このことはアジアに進出している日系企業は、進出先の国・地域を取り巻く環境により、そのターゲットはそれぞれ異なることを示してはいるが、現在のASEANはアジア諸国と積極的に自由貿易協定の締結を推進しているのはASEANを世界的な輸出拠点を目指す狙いもある。従来の

ＡＳＥＡＮでは、欧米への輸出が圧倒的なシェアを示していたが、今、確かに欧米から中国にシフトしつつある。今後、中国・ＡＳＥＡＮ間の自由貿易協定が進展し、関税・非関税貿易障壁の撤廃及び輸送の便利化にともなって、ＡＳＥＡＮも中国向けの輸出拠点になる（いわゆる、ＡＳＥＡＮを拠点に中国市場を開拓）可能性が高いということも示している。こうした中でとくに可能性の高いのは新興国として脚光を浴びているマレーシア、タイ、ベトナムであろう。

（二）輸出拠点としてのマレーシア、タイ

ＡＳＥＡＮ地域統合及び域内インフラ整備の進展にともなって、域内におけるヒト、モノ、カネの移動が自由となり、サービスリンクコストが低減するため、日本企業を取り巻く環境は大きく変わるとみられている。こうした中で、ＡＳＥＡＮで現地経営の経験を蓄積された日本企業は、現地市場向けの事業展開は勿論、その上で、周辺国を視野に入れた広域市場開拓の視点から、ＡＳＥＡＮへの事業展開のポジショニングを見直さなければならない。こういう視点からみて、ＡＳＥＡＮにおける下記の三カ国が重要である。

(1)マレーシア――中国向けの電子・電気部品の輸出拠点――

マレーシアは二〇一三年時点では、人口三〇二六万人、一人当たりＧＤＰ一万〇五四八ドルで、ＡＳＥＡＮにおいて、規模の最も大きな新興市場として急速に脚光を浴びていると同時に、ＡＳＥＡ

Nの周辺国向けの輸出拠点として、その重要性を増している。マレーシアの輸出構造についてみれば、ASEAN＋6及び香港、台湾を含めた東アジアへの輸出比率は二〇〇五年の五二・二％から二〇〇九年の五八・六％、二〇一四年の六七・八へと一貫して拡大している。その中で、ASEANへの輸出比率は二七・九％（二〇一四年）で、第一位であるが、国別の輸出では、中国への輸出比率は一二・一％で、第一位である。これに対して、アメリカへの輸出比率は八・四％、EU28へのそれは九・五％で、そのいずれも一割以下に留まっている。

また、マレーシアは現在、ASEAN最大の電子・電機産業の集積地域である。マレーシアでは、早くも一九七〇年代から政府の工業化政策を背景に日本の大手電機メーカーは進出し、テレビやエアコンなどの産業集積が進んでいた。とくに日本、アメリカの半導体メーカーは、オフショア生産を行うため、大挙に進出することもあって、半導体はマレーシアの工業製品輸出の中で、最大の輸出品目となっており、マレーシアの工業化を牽引するリーディング産業ともなった。

なお、その産業集積の効果として、部品サプライチェーンから研究開発、製造、流通までの裾野産業も広がっており、それにASEAN域内自由貿易の進展を加わって、外資系企業によるASEAN域内生産の再編成は活発に行われていた。そのため、多くの電子・電機産業をマレーシアに移管されたことにより、「集積は集積を呼ぶ」効果として、その産業集積にさらに厚みを増していることになった（第二章第二節参照）。

このような産業集積の特性を反映して、マレーシアの最大輸出品目は電子・電機製品であり、その輸出比率は全体の三三・四％を占めている。(5) その中で、とりわけマレーシアに進出している日系企業による中国への半導体輸出が目立つのである。即ち、近年、中国ではＨＰ、デル、レノボを中心に、パソコンの生産・輸出は急拡大しているが、日系企業は、そのパソコン用部品のサプライヤーとして、中国国内での増産に取り組んではいるが、中国への一極集中を避けるため、マレーシアにおいて、中国への輸出向けの生産も拡大しており、マレーシアは東アジアでの電子部品の生産・輸出拠点として、その重要性を増している。とりわけ、中国・ＡＳＥＡＮＦＴＡ（ＡＣＦＴＡ）では電気機器及び部品の中国側の輸入関税率は〇―五％となり、今後、同ＦＴＡの活用による輸出がさらに拡大すると見込まれている。

さらに二〇一〇年一月からＡＳＥＡＮ・インドＦＴＡの発効により、一部の日系電子部品メーカーはＡＩＦＴＡを活用して、タイでの生産をマレーシアに移管すると共に、マレーシアからインドへの輸出を増やしている。一二億の人口を有するインドは、二〇一四年の一人当たりＧＤＰは一五〇〇ドルに過ぎず、低位中所得国の範囲に属しているが、この段階では、とくにテレビ、冷蔵庫、エアコンの普及が早いと見込まれており、現在、日本、韓国、台湾の家電メーカーはインド市場でのシェアを拡大するための競争には激しさを増している。こうした中で、マレーシアに進出している日系電子・電機部品メーカーは、完成品メーカーからの厳しい要請に対応するために今後、急拡大するインド市場をにらんで、生産拠点の再編成及び経営ポジショニングの再検討を行っている。こうした中で、マレーシア・インドのＦＴＡによる関税引下げ効果をにらんで、増産しようと考える日系企業も少なくはない。

さらに今後、ベトナムやオセアニアへの輸出拠点としての役割も期待されていると同時に、マレーシアはＴＰＰ参加により、アメリカ市場へのアクセスが一層有利になると見込まれている。

(2) タイ――インド向けの輸送機械の輸出拠点として飛躍――

タイは二〇一三年時点では、人口は六六七六万人、一人当たりＧＤＰは五六七四ドルであり、ＡＳＥＡＮにおける重要な新興市場だけでなく、ＡＳＥＡＮの最大規模の自動車生産国として、日系製造業の一大集積地域でもある。古くから繊維、家電、自動車を中心に外国資本の導入を進めてきたタイには最近、日系企業を中心とする自動車産業の集積が著しいのである。それと同時にメコン川流域開発の中心国として、周辺のカンボジア、ラオス、ミャンマーと隣接している国境開発も進んでおり、タイ国内人件費の上昇及び周辺国への通関手続きの簡素化、インフラ整備による物流システムの改善にともなって、「タイ・プラス・ワン」として、日系企業の間では生産拠点の周辺国への分散化が進んでいる。これにより、タイはＡＳＥＡＮの生産拠点から輸出拠点への転換も着実に進んでいる（第五章第二節参照）。

近年、タイの輸出先の中でも東アジアへの輸出は大きなシェアを占めるようになっている。タイのＡＳＥＡＮ＋6及び香港、台湾を含めた東アジアへの輸出シェアは二〇〇一年の四四・〇％から二〇〇九年の五二・二％、さらに二〇一四年には六三・一％を占めるようになった。その中で、とりわけ、中国への輸出シェアは二〇〇一年の四・四％から二〇一四年の一一・〇％へと年々高まっている。これに対して、アメリカへの輸出シェアは二〇〇一年の二〇・三％から二〇一四年の一〇・五％へ、ＥＵ28向けの輸出シェアは同期間の一六・七％から一〇・三％へと、年々縮小しており[(6)]、東アジアでの輸出拠点化の傾向が一層鮮明になっている。

また、輸出構造についてみると、最大の輸出品目は自動車・同部品であり、輸出全体の一〇・八％（二〇一四年）を占めている。これに次いで、コンピュータ・同部品は八・一％（二〇一四年のシェア、以下同）、精製燃料五・〇％、宝石・宝飾品四・四％、エチレンポリマー四・三％、化学製品三・八％、ゴム製品三・五％、電子集積回路三・三％、機械・同部品三・二％の順となっており、主にＡＳＥＡＮ域内や中国向けの自動車、電子電機部品の輸出拠点となりつつある。

さらにタイは将来、インド洋を通じて、インドへの輸出拠点として地理的優位を持っている。ＪＥＴＲＯの調査によれば、タイに進出している多くの日系企業は将来、インドへの輸出拠点として有望だということであり、一部の日系企業は、タイからインドへの輸出に動き出している。その中で日野自動車は二〇〇九年にタイで生産した中型トラックをインドで輸入・販売しており、農機大手のクボタは二〇一〇年にタイで生産したトラクターをインド、ベトナムに輸出を開始した［小野田二〇一〇］。

今後、ＡＳＥＡＮ域内ＦＴＡ、タイにおけるサプライヤーの集積、周辺国とのインフラ整備などの進展にともなって、タイは東アジアの輸出拠点としては、さらに飛躍的に発展すると見込まれている。

3　高速鉄道を中心とするインフラシステムの輸出拡大

新興国を中心とした世界インフラ需要が急拡大する中で、ＡＳＥＡＮはとくに注目すべき市場である。経済産業省の資料によると、二〇三〇年までに世界のインフラ整備に要する投資は四一九〇兆円、年間平均で一六五兆円と予測されている［宮澤 二〇一五ａ］。

ＡＳＥＡＮのインフラ市場の将来を展望してみると、①「ＡＳＥＡＮ域内連結性マスタープラン」の実施による道路、鉄道の投資拡大、②所得水準の上昇と都市化の進展にともなう都市部の上下水道、都市鉄道の開発、③自然災害防止、④総合的環境保護などによるインフラ整備の需要は膨大である。(7)

このような膨大な市場は、日本からの輸出を拡大するために欠かせない市場である。こうした中で、日本は「インフラシステムの輸出を現在一〇兆円から二〇二〇年の三〇兆円に引き上げる」という成長戦略を提起した。(8) しかし、日本は「個別の機器については強みがあるが、システム全体の輸出が少なく、国を挙げてインフラ輸出に力を入れている中国、アメリカ、韓国と比較して、輸出規模が小さい」という現状に止まっている。(9)とくに高速鉄道の輸出について、急速に進展している中国と比較して、日本は多くの課題に直面している。

鉄道分野の世界市場規模は、年平均で一三・五兆円（二〇〇五―〇七年）で、その中で、高速鉄道のシェアは五％程度と推測されている。ＡＳＥＡＮにおいては、とくに注目されているのは、「ＡＳＥＡＮ域内連結性マスタープラン」に示されている中国の昆明からシンガポールまでの「汎アジア鉄道建設計画」である。その鉄道建設をめぐって、日本、中国、ＥＵ諸国は挙って受注獲得にまい進してきた。しかし、二〇一五年一〇月にはインドネシアの高速鉄道計画（ジャカルターバンドン、路線距離一四〇キロメートル）を中国に発注する方針を決めたことは日本にとって、大きな出来事であったが、二〇一五年一一月に中国は中国の昆明からラオスのチェンマイまでの鉄道建設（路線距離四一八キロメートル、時速一六〇キロメートル）の受注に成功し、将来、チェンマイからバンコクへ、さらにクアラルンプールまでに延長する可能性も視野に入れている。(10)

世界の高速鉄道の先駆けが日本の新幹線である。新幹線の登場と営業運転の成功は、世界の鉄道建設に大きな影響を与えている。その影響を受けて、一九八一年にフランスの「ＴＧＶ」が最高時速二六〇キロメートルで運行を始めたのに続き、イタリアの「ＥＴＲ」、ドイツの「ＩＣＥ」、スペインの「ＡＶＥ」、ベルギーの「タリス」、イギリスの「ユーロスター」など、欧州では次々と高速鉄道網が整備された。なかでも仏TGVと独ICEは日本の新幹線と高速性能を競い合い、世界の高速鉄道市場で新幹線のライバルとなっている。

その後、日本以外のアジアの国や地域にも高速鉄道が広がり、二〇〇四年に韓国で仏のTGVの技術を導入した「KTX」が、二〇〇七年には台湾で日本の新幹線車両の供給を受けた「台湾高速鉄道（台湾新幹線）」が開業した。

この中で、高速鉄道建設が最も急速に進展しているのは中国である。中国では二〇〇八年八月に始めて「北京―天津」の高速鉄道（時速三五〇キロメートル）の営業開始をきっかけに、日・独・仏・カナダの技術を導入した上で、高速鉄道の建設を推進して、二〇一五年九月までに営業を開始した時速二〇〇キロメートル以上旅客専用高速鉄道の総延長は一万七〇〇〇キロメートルに達しており、中国の「中長期鉄道網整備計画」によると、二〇二〇年には高速鉄道の総延長は三万キロメートルになると見込まれている。

中国は高速鉄道の製造と建設に関しては、歴史が短く、独自技術を持っているわけではないが、システム構築の強さに基づくモジュラー型生産方式により、短期間で自国の知的財産権を持つ高速鉄道技術を開発した。その上で、世界最長の総延長を有しているため、規模の経済性による国際競争力が強いだけでなく、強まりつつある金融システム及び資金力もその国際競争力を支える源泉ともなっている。今後、「一帯一路」計画の実施にともなって、高速鉄道システムの輸出がさらに拡大すると見込まれている。

みずほ総合研究所コンサルティング部主席コンサルタント宮澤元によると、日本の新幹線は技術的には優れているが、ＡＳＥＡＮへの輸出に関しては、次のような問題点があると指摘されている。その第一は「日本企業の製品や要素技術がアジア各国で高く評価されており、優位性があるが、発注元の国や政府機関に対する価格や使用の提案力を始め、優れた製品や技術に基づいた「マーケティング力」、運営・維持管理にあたっての「経営ノウハウ蓄積」といった面で、欧米や中韓などの競合企業の後塵を拝していること、第二は日本の鉄道を含む高速鉄道輸出は、製品や要素技術を提供するのみの「ＥＰＣ」型（設計・調達・建設）を中心に、工事から運営・維持管理までの「パッケージ型インフラシステム」の輸出ではないため、日本企業はオペレーション分野で、積極性に欠ける「売り切り型」のインフラ輸出に止まっていること、第三は輸出先国の政府や財閥と長期間の交渉に対応できる人材が不足していること」などである〔宮澤 二〇一五ａ；二〇一五ｂ〕。

今後のＡＳＥＡＮでは、高速鉄道だけでなく、都市鉄道、都市部上下水道、発電所、港湾建設などの分野でも膨大なインフラ需要があると見込まれているが、日本企業は大体、同じ「弱み」を持っている。今後、インフラ輸出をさらに拡大するために、政府のトップセール、現地の経済、社会状況を徹底的に把握した上で、現地のニーズに適合する提案、運営・維持管理を含めたパッケージ型輸出などは不可欠であるが、中国との共同受注も効果のある選択肢になるかもしれない。

むすびにかえて

要するに今後のＡＳＥＡＮ新興市場を考える場合、そのキーワードは所得水準の向上による内需の拡大と地域統合による単一市場の誕生ということであるが、日本企業にとって、多くのビジネスチャンスが生まれるのは紛れもない事実である。ＡＳＥＡＮは日本企業の進出が古くから進んだ地域であり、中国と並ぶ東アジア国際生産ネットワークの一部を形成している。ＡＳＥＡＮが制度的に統合された経済圏となれば、域内で幅広く事業を展開されている日本企業には資源の最適地集約と競争力向上の追い風となるであろう。

しかし、ビジネスチャンスが増えると同時に、欧米、中国、韓国企業との競争も過激になるとみられている。欧州企業や中国企業による交通インフラ、エネルギー分野での大型受注、ＴＶ、スマートフォン、自動車などの分野では韓国勢の勢いも止まらない。製品・要素技術の面で顕著な競争優位を持っている日本企業にとって、ＡＳＥＡＮを拠点として第三国への輸出拡大、インフラ分野における特定分野に止まらない総合的な提案力、現地需要への取組みに不可欠な強いマーケティング力、欧米、中国、韓国企業との協力などは不可欠となり、これまでの戦略を根本的に見直さなければならない。また、ＡＳＥＡＮは人口規模では非常に魅力的な市場ではあるが、域内の国別、所得階層別の消費構造がそれぞれ異なるので、非常に多様化で複雑な市場でもある。日本企業は現地市場に参入する場合、「現地化」と「日本の強み」の最適な組合せも重要な課題となっている。即ち、各国、各消費者セグメントを的確に見極める上で、それに合わせた商品投入、価格設定、マーケティング戦略、いわゆる「ターゲットセグメント」と「提供価値」を明確に定め、「最高の製品」ではなく、それぞれのセグメントに「最適の商品」を提供しなければならない。

注

(1) ＣＭＳでは輸出増加額を次の四要素に分解している。①世界の輸出拡大に帰するもの：世界需要効果、②その国の輸出の商品構成の変化に帰するもの：商品構成効果、③この国の輸出が世界の中で比較的に高い成長を示している地域への輸出に集中していることに帰するもの：市場分布効果、④説明できない残余：競争力効果などである。その詳細に関しては、丹下［一九九八］を参照されたいが、本章では、一国の対世界輸出の伸び率が世界輸入の伸び率を上回る部分を国際競争力効果としている。

(2) 本章では、貿易財の競争力を生産技術進化のプロセスとして、輸出比率の上昇を量的拡大とみなし、貿易特化係数を国際競争力の質的変化として捉えている。その理論的根拠は小島清の「限界競争優位理論」である。即ち、貿易特化係数が０になる点を「競争優位パターンの逆転」の転換点として捉え、０以上になる輸出財を限界競争優位財と見なし、それを輸出財競争力の質的変化として捉えている。

(3) 加工品は主に鉄鋼、化学製品、テキスタイル、石油・石炭製品などを含まれている。

(4) 装備製造業は中国独自の産業分類であり、日本の資本財産業、あるいは産業機械に相当するが、その内容は通常、金属製品、一般機械、専用機械、交通輸送設備、電気機器設備・電子・通信機器設備、精密機械設備など、七つの産業、一八五業種を含まれている。中国政府は二〇〇三年から東北旧工業基地の再振興政策にあわせて、装備製造業の重点的育成政策を実施した。その詳細に関しては、唱［二〇一一b］を参照されたい。

（5）JETRO『ジェトロ投資貿易白書二〇一五』。

（6）JETRO『ジェトロ投資貿易白書二〇一五』。

（7）アジア開発銀行の予測ではASEANにおける二〇二〇年までのインフラ需要は一兆ドル（約一二〇兆円）と見込まれている［宮澤 二〇一五b］。

（8）時吉康範「目標は二〇年に三〇兆円、インフラ輸出巻き返しの条件」（『日本経済新聞』二〇一五年一一月二三日）。

（9）時吉康範「目標は二〇年に三〇兆円、インフラ輸出巻き返しの条件」（『日本経済新聞』二〇一五年一一月二三日）。

（10）中華人民共和国国家発展と改革委員会の発表による。

松本三郎［1977］「ASEANの歴史及びその機構」，岡部達味編『ASEANをめぐる国際関係』日本国際問題研究所.

宮澤元［2015a］「アジアの成長を取り込むインフラ輸出戦略」みずほ総合研究所（http://www.mizuho-ri.co.jp/publication/opinion/business/pdf/business150807.pdf, 2015年12月28日閲覧）.

――［2015b］「アジア新興国の社会を変えるインフラ輸出」，みずほ総合研究所みずほ総合研究所（https://www.mizuho-ri.co.jp/publication/opinion/business/pdf/business151116.pdf, 2015年12月28日閲覧）.

モラダ，N. M.［2008］「地域秩序の制度化――規範と勢力均衡の間で」，恒川潤編『東アジアにおける地域秩序――ASEAN・日本からの展望――』防衛省防衛研究所.

山影進［2008］「新ASEANの課題と日本」NIRAモノグラフシリーズ，8.

呂余生・王士威主編［2014］『中国ASEAN年鑑』線装書局.

渡辺利夫［1999］「構造転換連鎖」（「アジア化するアジア」では？）『中央公論』114（6）.

中国国家商務部・国家統計局・国家外貨管理局編［2015］『中国対外直接投資統計公報2014年度』.

中小企業金融公庫調査部編［1989］『躍進するアセアンの産業と金融――日本・アセアン水平分業時代の幕開け――』東洋経済新報社.

恒石隆雄［2005］「タイの地域開発政策と近隣諸国との経済関係」，石田正美編『メコン地域開発――残された東アジアのフロンティア――』アジア経済研究所.

鄭軍健編［2013］『中国・ASEAN商務年鑑2013』広西人民出版社.

中川利香［2009］「アジア地域金融協力の進展――AMF構想の挫折から重層的な協力体制へ――」，国宗浩三編『岐路に立つIMF――改革の課題，金融協力との関係――』アジア経済研究所.

中川理・倉林貴之・新美佑［2013］「国別アンケートで読み解くASEAN市場」野村総合研究所（https://www.nri.com/jp/event/mediaforum/2013/pdf/forum191.pdf, 2015年12月28日閲覧）.

西村英俊［2011］「アジア総合開発計画」『日本貿易会月報』690.

日本貿易振興機構海外調査部アジア大洋州課編［2014］「珠江デルタ進出日系企業の対ASEAN事業戦略」日本貿易振興機構（https://www.jetro.go.jp/ext_images/jfile/report/07001796/07001796.pdf, 2015年12月28日閲覧）.

日本貿易振興機構海外調査部海外調査計画課［2015］『2014年世界主要国の自動車生産・販売動向』日本貿易振興機構（https://www.jetro.go.jp/ext_images/_Reports/01/20150032.pdf, 2015年12月28日閲覧）.

野田順［2011］「アジアの都市化・都市成長の動向について」（http://www.fukuoka.unhabitat.org/docs/lecture/pdf/lecturerecord20111215-1.pdf, 2015年12月28日閲覧）.

濱條元保・中川美帆［2013］「いま，世界が注目する成長センター ASEAN」『エコノミスト』91（4）.

松宮美奈［2001］「マレーシアの自動車産業」『ダイワ・アジア＆ワールド』83.

末廣昭［2010］「東アジア経済をどう捉えるか——開発途上国論から新興中進国群論へ——」『環太平洋ビジネス情報』10（38）.

——［2011］「中国の対外膨張と東南アジア」アジア経済研究所（http://www.ide.go.jp/Japanese/Publish/Download/Seisaku/pdf/1111_suehiro.pdf, 2015年12月28日閲覧）.

杉田浩章［2014］「ベトナムの中間層・富裕層は2020年に3,300万人，ミャンマーは1,000万人へと」ボストンコンサルタントグループ調査レポート（http://www.bcg.co.jp/documents/file159085.pdf, 2015年12月29日閲覧）.

薛軍［2015］「オフショア市場と地域統合からみた人民元国際化ロードマップの展開」，アジア資本市場研究会編『ASEAN金融資本市場と国際金融センター』日本証券市場研究所.

玉木一徳［2005］「ＡＲＦ広域安全保障協力」，黒柳米司編著『ASEAN地域秩序とASEANの挑戦』明石書店.

丹下敏子［1998］『国際競争力の変化——日本・アメリカ・東南アジア諸国を中心として——』文眞堂.

千葉康弘［2005］『北東アジア経済協力研究——開発銀行構想・開発ビジョン・地域連携』春秋社.

唱新［2011a］『資本蓄積と産業発展のダイナミズム——中国産業の雁行型発展に関する経済分析——』晃洋書房.

——［2011b］「装備製造業の振興と工作機械産業の台頭」『資本蓄積と産業発展のダイナミズム——中国産業の雁行型発展に関する経済分析——』晃洋書房.

——［2012］「アジア太平洋の新時代と東アジアのリージョナリズム——AEC・TPP・中日韓FTA」，坂田幹男・唱新編『東アジアの地域経済連携と日本』晃洋書房.

——［2015］「国際価値連鎖からみた東アジア国際生産ネットワークの変貌」『福井県立大学経済経営研究』33.

大泉啓一郎［2010］「変わるアジア新興国の大都市」『環太平洋情報』10（38）.
大庭三枝［2015］「TPPで加盟国に明暗も」（「経済教室」『日本経済新聞』2015年12月7日）.
小笠原高雪［2005］「メコン地域における開発協力と国際関係」，石田正美編『メコン地域開発——残された東アジアのフロンティア——』アジア経済研究所.
小野田真理子［2010］「東アジア新興市場を目指す在ASEAN日系企業の動き（タイ）」，日本貿易振興機構海外調査部『世界経済危機後のアジア生産ネットワーク——東アジア新興市場開拓に向けて——』日本貿易振興機構.
何暁軍［2009］「中国の銀行業における（外資導入）及び（海外進出）戦略と開放度の分析」『季刊中国資本市場研究』2009 Autumn.
春日尚雄［2013］「ASEAN連結性の強化と交通・運輸分野の改善」，石川幸一・清水一史・助川成也編『ASEAN経済共同体と日本』文眞堂.
——［2014］『ASEANシフトが進む日系企業——統合一体化するメコン地域——』文眞堂.
神尾篤史［2014］「ASEAN経済統合を域内企業はどう見ているのか」大和総研レポート（http://www.dir.co.jp/research/report/capital-mkt/20140812_008843.pdf, 2015年12月28日閲覧）.
苅込俊二・中川忠洋・宮嶋貴之［2010］「中間層を書くに拡大するASEAN消費市場」『みずほ総研論集』Ⅲ.
木村福成［2010］「アジア総合開発計画とその後：ERIAの研究活動」（http://www.rieti.go.jp/jp/events/bbl/10101801.html,2015年12月28日閲覧）.
黒柳米司［1977］「ASEANにおける制御された対立」，岡部達味編『ASEANをめぐる国際関係』日本国際問題研究所.
黒柳米司編［2005］『アジア地域秩序とASEANの挑戦』明石書店.
清水聡［2014］「経済共同体の設立とASEAN諸国の金融資本市場」『環太平洋ビジネス情報』14（55）.

参考文献

赤羽裕［2013］「ASEAN経済共同体における金融サービス・資本市場の連携・統合」，石川幸一・清水一史・助川成也編『ASEAN経済共同体と日本』文眞堂.

秋山文子［2013］「アジア債券市場育成の取組み状況」『News Letter』（国際通貨研究所），16.

岡部達味編［1977］『ASEANをめぐる国際関係』日本国際問題研究所.

生田真人［2011］『東南アジアの大都市圏――拡大する地域統合――』古今書院.

池部亮［2013］『東アジアの国際分業と「華越経済圏」――広東省とベトナムの生産ネットワーク――』新評論.

池間誠編［2009］『国際経済の新構図――雁行型経済発展論の視点から――』文眞堂.

石川幸一［2013］「ASEAN経済共同体はできるのか」，石川幸一・清水一史・助川成也編『ASEAN経済共同体と日本』文眞堂.

石川幸一・清水一史・助川成也編［2013］『ASEAN経済共同体と日本』文眞堂.

石田正美［2008］「越境交通協定とは何か」，石田正美編『メコン地域開発研究――動き出す国境経済圏――』アジア経済研究所（http://www.ide.go.jp/Japanese/Publish/Download/Report/pdf/2007_04_23_02.pdf, 2015年12月28日閲覧）.

梅崎創［2010］「アジア総合開発計画と日本の役割」『日本貿易会月報』682.

ADB［2012］"Asia 2050 – Realizing the Asian Century,"（http://adb.org/sites/default/files/asia2050-executive-summary.pdf, 2016年1月29日閲覧）.

江崎和子［2014］「ASEAN統合で金融は変わるか」『資本市場』348.

《**著者紹介**》
唱　　新（チャン　シン）

1956年　中国・吉林省長春市生まれ
1979年　中国・吉林大学外国語学部日本語科卒業
1984年　中国・吉林大学大学院国際経済研究科卒業，経済学修士
1985年　中国・吉林大学日本研究所講師，助教授，北東アジア総合研究所所長，教授
1995年　日本・金沢星稜大学客員・専任教授
2003年　日本・福井県立大学経済学部教授，経済学博士

主要業績（単著）
『グローバリゼーションと中国経済』新評論，2002年．
『中国型経済システム――経済成長の基本構造――』世界思想社，2005年．
『資本蓄積と産業発展のダイナミズム――中国産業の雁行型発展に関する経済分析――』晃洋書房，2011年．

AIIBの発足とASEAN経済共同体

2016年3月30日　初版第1刷発行

＊定価はカバーに表示してあります

著者の了解により検印省略

著　者　唱　　新©
発行者　川　東　義　武
印刷者　出　口　隆　弘

発行所　株式会社　晃　洋　書　房
〒615-0026　京都市右京区西院北矢掛町7番地
電話　075（312）0788番(代)
振替口座　01040-6-32280

ISBN978-4-7710-2735-0　　印刷・製本　㈱エクシート